自然灾害应急食品供应及辅助决策

曹春霞　樊毫军 ◎ 主编

化学工业出版社

·北京·

内容简介

本书旨在介绍重特大自然灾害应急食品供应体系和保障辅助决策的基本知识/概念、发展现况，主要内容包括应急食品供应与辅助决策系统案例分析、自然灾害应急食品供应指标体系研究、应急食品供应优化调配模型研究、应急食品供应辅助决策系统研究等方面，依据现有研究成果就重特大自然灾害后的应急食品供应体系基本构成、供应分配、辅助决策等关键环节进行归纳总结，并就灾后应急食品供应过程中的潜在性问题给出相应的对策及建议。

本书可以作为各级灾难救援、应急管理人员的学习和参考资料，同时也可以作为灾后应急物资供应、应急供应链、应急指挥决策相关方向科研工作者的参考书。

图书在版编目（CIP）数据

自然灾害应急食品供应及辅助决策 / 曹春霞，樊毫军主编. -- 北京：化学工业出版社，2024.5. -- ISBN 978-7-122-44930-6

Ⅰ.D632.5；F724.782

中国国家版本馆 CIP 数据核字第 2024UQ9263 号

责任编辑：廉　静　　　　　　　　文字编辑：赵　越
责任校对：李露洁　　　　　　　　装帧设计：关　飞

出版发行：化学工业出版社
　　　　　（北京市东城区青年湖南街 13 号　邮政编码 100011）
印　　装：河北延风印务有限公司
710mm×1000mm　1/16　印张 11¾　字数 193 千字
2024 年 9 月北京第 1 版第 1 次印刷

购书咨询：010-64518888　　　　　售后服务：010-64518899
网　　址：http://www.cip.com.cn
凡购买本书，如有缺损质量问题，本社销售中心负责调换。

定　　价：68.00 元　　　　　　　　版权所有　违者必究

编写人员名单

主编
曹春霞　樊毫军

副主编
闫翔宇　陈伏生　付少波　李梅英

编写人员
(以姓氏笔画为序)

付少波　刘　涛　刘正坤　刘姝昱　闫翔宇
李　宁　李　季　李　悦　李梅英　陈伏生
武镇龙　梅自寒　曹春霞　董文龙　樊毫军

前言

近年来,随着全球工业化和人类活动的不断发展,受气候变化和一些人类行为等因素影响,全球灾害数量呈快速攀升的态势。我国是世界上自然灾害最为严重的国家之一。防灾减灾是关系人民群众生命财产安全和国家安全的大事。"十三五"时期,我国防灾减灾救灾体系建设取得明显成效,成功应对了一系列重特大自然灾害。"十四五"国家综合防灾减灾规划目标提出,力争到2035年,自然灾害防治体系和防治能力现代化基本实现,重特大灾害防范应对更加有力有序有效。重大自然灾害不仅直接影响普通老百姓的生活,而且间接地影响到地区乃至国家的经济和社会的发展,救援行动中最重要的任务是保障受灾人民的生命安全,而食品类应急物资的供给是保障受灾地区人民群众生命安全的重要物质基础。

自然灾害应急食品供应体系及辅助决策系统研究,属于交叉学科的范畴,涉及诸多关键技术。天津大学应急流行病学课题组先后承担两项"十三五"国家重点研发计划"食品安全关键技术研发"重点专项子课题任务,在自然灾害应急食品供应体系的基础研究和自然灾害应急食品供应辅助决策系统的应用技术研究领域做了大量工作,积累了一定的经验。为了对这些工作进行系统总结,进而为今后相关工作提供有益借鉴,我们特撰写本书。

本书以自然灾害情境下应急食品供应为研究对象,在深刻把握国情的前提下,充分借鉴国内外自然灾害应急救援经验与启示,分析论证了自然灾害应急食品供应体系框架,构建了自然灾害应急食品供应优化调配模型,设计并开发了基于地理信息系统的应急食品供应辅助决策系统,为重大灾害情境下应急指挥决策人员提供科学支持。本书的写作视角,既有广阔的学术视野,同时也兼顾应急救援行动中管理者的决策需求,力求能够在实际救援行动中为科学决策提供依据。

本书在编写过程中得到相关领域18位函询专家的不吝赐教,他们提出了大量的宝贵意见,谨致以衷心感谢!

学科在发展,时代在进步,由于编写组成员学识所限,难免存在不妥之处,恳请读者不吝指正。

编写组

2024年3月

目录

第一章 / 001 绪论

一、研究背景 　　　　　　　　　　003
二、相关概念 　　　　　　　　　　005
（一）自然灾害 　　　　　　　　　005
（二）应急食品 　　　　　　　　　008
（三）应急食品供应 　　　　　　　009
（四）应急食品供应体系 　　　　　010
（五）灾害应急管理 　　　　　　　014
（六）决策支持系统 　　　　　　　019
三、国内外研究现状 　　　　　　　026
（一）应急辅助决策系统 　　　　　026
（二）地理信息系统 　　　　　　　027

第二章 / 029 自然灾害应急食品供应与辅助决策系统案例分析

一、自然灾害应急食品供应案例 　　031
（一）国内自然灾害应急食品供应案例 　031
（二）国外自然灾害应急食品供应案例 　032
二、灾害应急辅助决策系统案例分析 　033
（一）国内外典型应急指挥平台 　　033
（二）典型应急指挥平台功能特点 　037

第三章 / 041 自然灾害应急食品供应指标体系研究

一、应急食品供应指标体系研究方法 　043
（一）文献研究法 　　　　　　　　043
（二）半结构式访谈法 　　　　　　043
（三）政策解析与案例分析法 　　　044
二、应急食品供应指标体系论证 　　045
（一）专家纳入标准 　　　　　　　045
（二）专家人数确定 　　　　　　　045
（三）专家咨询问卷设计 　　　　　046
（四）具体实施步骤 　　　　　　　046
（五）技术路线 　　　　　　　　　046

（六）统计分析 　　046
三、应急食品供应指标体系形成 　　053
（一）应急食品需求 　　058
（二）应急食品储备 　　059
（三）应急食品筹措 　　064
（四）应急食品监测 　　065
（五）应急食品运输 　　066
（六）应急食品分发 　　067
（七）应急保障体系 　　068
（八）指挥信息系统 　　069

第四章 / 071
应急食品供应优化调配模型研究

一、应急食品供应储备库选址模型 　　073
（一）绝对中心点模型 　　073
（二）中值模型 　　075
（三）最大覆盖模型 　　078
（四）多目标选址模型 　　079
（五）路径选址模型 　　082
（六）集合覆盖模型 　　088
二、应急食品供应需求预测模型 　　090
（一）地震人员伤亡影响因素 　　090
（二）地震人员伤亡预测方法 　　091
（三）应急食品需求数量 　　093
（四）应急食品需求预测 　　093
三、应急食品供应路径优化模型 　　095
（一）带二维装箱约束的VRP 　　095
（二）带时间窗约束的VRP 　　097
（三）带有配送和回收需求约束的VRP 　　099
四、应急食品供应调配模型 　　102
（一）单供应点-多需求点 　　102
（二）多供应点-单需求点 　　105
（三）多供应点-多需求点 　　106
五、模型实证 　　108
（一）背景资料 　　108
（二）情景设置 　　109
（三）算例验证 　　109

第五章 / 117
应急食品供应辅助决策系统研究

一、主要技术及工具　119
二、系统总体设计　128
三、数据结构化设计　131
四、系统基本模块　135
五、系统应用　139

参考文献 / 141

附录 / 147

附录1　第一轮专家咨询表　149
附录2　第二轮专家咨询表　159

第一章

绪论

近年来,全球范围内地震、洪涝等自然灾害突发频发,造成了大量的人员伤亡及经济损失。自然灾害发生后,科学高效的应急食品供应是保障灾区群众基本生存与社会秩序稳定的基石,是灾后各类应急保障的重中之重。民以食为天,灾害发生后在保障受灾群众生命安全的前提下,必须在尽量短的时间内向灾区群众运送足量食品类物资,从而达到确保受灾群众基本生命健康,满足心理慰藉的双重功效。当前阶段,灾害发生后应急食品供应尚存在供应数量不足、路径与流程复杂、效率低下等现实困境,如何实现高效、科学的灾后应急食品供应成为该领域研究的关注点。

一、研究背景

灾难流行病学研究中心（Center for Research on the Epidemiology of Disasters，CRED）统计显示，2002—2021年间，全球平均每年发生灾难性事件370起，造成的死亡人数平均为60955人，受影响人数平均为19890万人，造成的直接经济损失平均为187.7亿美元。2022年，全球共发生387起灾难性事件，造成30704人死亡，18500万人受影响，直接经济损失达223.8亿美元。其中，在灾害频次上，洪涝灾害最高，达176起，占45.48%；其次是风暴（台风、飓风）灾害108起，占27.91%；地震灾害31次，占8.01%；干旱灾害22次，占5.68%；滑坡灾害17次，占4.39%；野火灾害15次，占3.88%；极端气温灾害12次，占3.10%；火山喷发灾害5次，占1.29%。在灾害所致死亡人数上，极端气温造成的死亡人数最多，达16416人，占53.47%；其次为洪涝灾害7954人，占25.91%；干旱灾害2601人，占8.47%；地震灾害1626人，占5.30%；风暴灾害1611人，占5.25%；滑坡灾害403人，占1.31%；野火灾害76人，占0.25%；火山喷发灾害6人，占0.02%。在灾难性事件受影响人数上，干旱影响人口最多，达10690万人，占57.78%；洪涝次之，为5710万人，占30.84%；风暴灾害1680万人，占9.08%；其他灾害造成的影响人口占比不到3.00%。在直接经济损失上，以风暴灾害最多，达131.0亿美元，占58.53%；洪涝灾害次之，为44.9亿美元，占20.06%；干旱灾害为34.2亿美元，占15.28%；地震灾害为12.5亿美元，占5.59%；其他灾害造成的直接经济损失占比不足1.00%，详见表1-1。

表1-1 2022年全球自然灾害频次与损失情况

灾害类型	频次（次）/占比（%）	死亡人口（人）/占比（%）	影响人口（万人）/占比（%）	直接经济损失（亿美元）/占比（%）
洪涝	176/45.48	7954/25.91	5710/30.84	44.9/20.06
风暴	108/27.91	1611/5.25	1680/9.08	131.0/58.53
地震	31/8.01	1626/5.30	360/1.94	12.5/5.59
野火	15/3.88	76/0.25	20/0.11	1.1/0.49
干旱	22/5.68	2601/8.47	10690/57.78	34.2/15.28
滑坡	17/4.39	403/1.31	10/0.05	0
火山喷发	5/1.29	6/0.02	10/0.05	0.1/0.04
极端气温	12/3.10	16416/53.47	10/0.05	0

根据国际灾害数据库（Emergency Events Database, EM-DAT）数据统计结果，2002—2021年间，我国平均每年发生灾难性事件27起，造成的死亡人数平均为5645人，受影响人数平均为8478万人。2023年1月，应急管理部发布2022年自然灾害基本情况，我国自然灾害以洪涝、干旱、风暴、地震和地质灾害为主，全年各种自然灾害共造成1.12亿人次受灾，因灾死亡失踪554人，紧急转移安置242.8万人次；倒塌房屋4.7万间，不同程度损坏79.6万间；农作物受灾面积12071.6千公顷；直接经济损失2386.5亿元。与近5年均值相比，因灾死亡失踪人数、倒塌房屋数量和直接经济损失分别下降30.8%、63.3%和25.3%。2022年，中国自然灾害时空分布不均，夏秋季多发，中西部受灾重，其中，洪涝灾害呈现"南北重、中间轻"的特点。立夏至立冬期间，各种自然灾害造成的死亡失踪人数和直接经济损失分别占全年总损失的92%和91%。全年因灾直接经济损失过百亿元的有10个省份。

在应对重特大自然灾害时，短时间内采取有效、可行的措施和方法，从而保障灾区人民的生命安全是关键。方便面、面包、饼干、饮用水等应急食品作为保证灾民人民基本生活水平的必需品，是确保受灾地区人民生命安全的基础，只有应急食品需求及时得到满足，才有利于保障灾区人民的生命健康，有利于维护社会安全与稳定。因而，食品应急物流成为整个应急物流系统中的核心与关键环节。

在我国，大型突发事件发生后，以政府为主、社会各界参与的救灾主体，会全力参与到各项抢险救灾行动中去。为了保障人民群众的生命财产安全，尽量降低突发事件对社会的损害以及影响，达到最大的社会效益，政府在组织应急救援行动中会花费大量国家财政资金，不惜一切代价地进行救灾抢险，呈现出不计成本的特点。当前，我国尚处在高速发展阶段，在灾害预防和救助方面可投入的资金毕竟有限，因此，须结合突发事件食品应急物流的实际情况，对现有的应急食品的供应方案及响应和处置流程进行优化（包含运输方案优化和成本优化等内容），将有限的灾害救助经费及时高效地应用到最需要的地方和最需要的对象。

为应对突发事件，我国提出处理突发事件的三个重要模块：构建完善有效的救灾体系，搭建并不断优化灾后重建预案，实施有效精准的防范自然灾害预案。中国是一个灾害频发的国家，为了保障广大人民群众的生命财产安全，2008年初，国务院设立了应急指挥中心。各级政府部门都加强了对应急工作的研究和经费投入，已经形成了一定的后备支持体系，并在

2009年寒冷天气、2010年青海玉树地震灾害事件应急处置中发挥了重要作用。前期大量的研究显示，灾后应急食品供应领域的相关研究，在内容上，不仅涉及宏观管理层面，同时也包括应急物资储备选址、车辆调度等操作层面；在方法上，从实践经验总结到理论探索，均取得了一定的研究进展。但整体而言，研究尚缺乏一定的系统性，表现为应急食品供应体系界定标准、运作流程、体系建设等相关方面尚未形成统一的认识，针对应急食品储备至最终分发供应过程的体系化建设有待完善。

二、相关概念

自然灾害应急食品供应作为一项较为系统的灾后应急保障体系，应用范围广泛、涉及对象繁多、供应流程复杂。本节首先对所涉及的相关概念进行了系统梳理，以加深对自然灾害应急食品供应的认识与理解。

（一）自然灾害

1. 自然灾害的定义

自然灾害是指孕育于由大气圈、岩石圈、水圈、生物圈共同组成的地球表面环境中，能够给人类生存带来危害或损害人类生活环境的自然现象，包括干旱、洪涝灾害，台风、冰雹、雪、沙尘暴等气象灾害，火山、地震，山体崩塌、滑坡、泥石流等地质灾害，风暴潮、灾害性海浪、海冰、海啸等海洋灾害，森林、草原火灾及生物变异、入侵等重大生物灾害等（GB/T 24438.1—2009）。人类如何从科学的意义上认识这些灾害的发生、发展以及如何尽可能减小它们所造成的危害，已成为国际社会的一个共同主题。

2. 自然灾害的分类

自然灾害形成须具备两个条件：一是有异常现象发生在自然界中；二是有受到损害的人、财产、资源作为承受灾害的客体。基于不同研究视角或目的，自然灾害的划分种类不同。依据自然灾害的主要形成原因，可划分为以自然变异为主要原因的自然-人为灾害和以人为因素为主要诱发原因的人为-自然灾害；依据统计管理口径，可划分为气象灾害、洪涝灾害、地震灾害、地质灾害、海洋灾害、农业生物灾害以及森林灾害（表1-2）；依据成灾过程，可划分为致灾因素在较短时间内表现的突发性自然灾害及致灾因素经过长期发展后逐渐显现成灾的缓发性自然灾害（表1-3）；依据灾害先后作用，可划分为原生灾害、次生灾害和衍生灾害；依据灾情大小，可划分为巨、大、中、小、微五种灾度（灾度：评估自然灾害本身造成社会损失的度量标准）。

表1-2 依据统计管理口径划分的自然灾害类别

灾害类别	主要灾害
气象灾害	旱灾(土壤干旱、大气干旱等)，暴雨灾害，热带气旋灾害，风灾(台风、龙卷风、干热风等)，低温冷冻灾害(冷空气、寒潮、冷雨、冻雨等)，雪灾(暴雪、雪崩、草原黑/白灾等)，雹灾(冰雹、风雹等)，雷电、风沙以及其他气象灾害等
洪涝灾害	洪水灾害,雨涝灾害
地震灾害	超微震($M_s<1$)、弱震($1\leq M_s<3$)、有感地震($3\leq M_s<4.5$)、中强震($4.5\leq M_s<6$)、强震($6\leq M_s<7$)、大地震($7\leq M_s<8$)和巨大地震($M_s\geq 8$)
地质灾害	崩塌(山崩、土崩、岩崩等)，滑坡灾害，泥石流(泥流、泥石流、水石流等)，盐碱地灾害，土地沙漠化，地面塌陷，海水入侵
海洋灾害	风暴潮,风暴海,海啸,海冰,赤潮
农业生物灾害	外来生物物种入侵(农业病菌、虫害、杂草、害草、鼠害等)
森林灾害	有害生物暴发流行,森林大火等

注：M_s是指震级。

表1-3 依据成灾过程划分的自然灾害类别

灾害类别	主要灾害
突发性自然灾害	火山爆发、地震、洪水、飓风、风暴潮、海啸、冰雹、雪灾、山体或地面崩塌、旱灾、病虫害等
缓发性自然灾害	土地沙漠化、水土流失、海平面上升、环境恶化、部分旱灾等

3. 自然灾害的特点

自然灾害的特点主要表现为以下七个方面。

(1) 必然性与普遍性 自然灾害是一种伴随地球运动与地球共存的自然现象，只要地球在运动、物质在变化，只要有人类存在，自然灾害就必然发生且无法避免。此外，世界上任何一个国家或地区均会在不同年份发生不同种类、不同程度的自然灾害，即自然灾害在空间、时间方面具有普遍性。

(2) 广泛性与区域性 一方面，自然灾害的存在及发生范围广泛，无论是海洋还是陆地，城市还是农村，抑或平原、丘陵、山地及高原，只要是存在人为活动的地域，自然灾害均有可能发生；另一方面，自然地理环境的区域性又决定了自然灾害的区域性。

(3) 频繁性和不确定性　全世界每年均会发生非常多次的自然灾害，对受灾当地的经济及社会发展产生一定的影响。近几十年来，由于人类社会活动的逐渐影响及地壳运动的日益活跃，世界范围内自然灾害发生频次呈增加趋势，但自然灾害的发生时间、地点和规模等的不确定性，又在一定程度上增加了人们抵御自然灾害的难度。

(4) 周期性和非重复性　自然灾害具有一定的周期性和非重复性，主要自然灾害中，无论是地震还是干旱、洪水，它们的发生都呈现出一定的周期性。人们常说的某种自然灾害"十年一遇或百年一遇"，这实际上就是针对自然灾害周期性的一种通俗描述。自然灾害的非重复性则主要是指灾害的发生过程及损害结果是无法重复的。

(5) 群发性与链发性　自然灾害往往不是孤立发生，而是在某一段时间或某个地区集中出现，如某一自然灾害在近几十年或近百年中频繁发生，那么这一时间段便可称为灾害的群发期；在自然灾害群发期中，若存在一二十年内灾害相对集中发生的时间段，称为灾害群发幕；灾害群发幕中存在两三年内灾害相对集中发生的时间段，称为灾害群发节；灾害群发节中存在几个月内灾害相对集中发生的时间段，则称为灾害群发丛。此外，自然灾害在空间上也存在群发性。链发性则是指某些自然灾害，尤其是强度高、范围广的自然灾害在其发生过程中往往诱发出一系列次生或衍生灾害，甚至互为条件，形成多种形式的灾害群或灾害链，如较为常见的暴雨灾害链、干旱灾害链或地震灾害链等。

(6) 危害性与严重性　全球每年发生可记录的地震约 500 万次，其中有感地震约 5 万次，造成破坏的近千次，强震及以上地震灾害每年约发生 15 次；干旱、洪涝两种灾害造成的经济损失也十分严重，全球每年可达数百亿美元。

(7) 一定程度的可预防性和可控制性　自然灾害在对人类社会活动造成影响和危害的同时，充满智慧的人类可以在越来越广阔的范围内进行防灾减灾，通过深入研究自然灾害发生的机理、规律，加强灾害常态化应急管理，提高灾后预测精确度，实现灾害预警及指挥决策等，最大限度地减轻灾害损失。在这个理念或认知下，可以认为自然灾害是可以预防、可以控制的。

（二）应急食品

应急食品是一类在接收到受灾地区的应急需求信号时，迅速对其进行紧急供应的救援食品，常见于地震、海啸、洪涝等重特大自然灾害的救援现场，一般具有可直接食用、能够提供人体所需热量、保质期长、便于运输、有一定营养价值等特点。

1965年，联邦德国由于社会动荡，颁布了关于应急食品的相关法律，在国家层面上确立了应急食品的重要地位，并研发出可供灾害发生初期救援人员食用的高能量、高优质蛋白的营养膳食代餐食品。1980年，美国研发出了多种类军用即食口粮，营养适宜、食用方便，可适用于多类突发事件后的救援。1995年，阪神大地震后，日本由于陷入粮食供应不足的境地，开始了应急食品的研究及供应开发，相继研制了35种能够长期储存的应急食品。相较而言，国内关于应急食品的研究起步较晚，汶川地震后才逐渐引起相关学者的关注与重视。前期文献分析发现，我国学者依据应急食品的功能性将其分为补水食品、主食食品、能量型食品、营养型食品；依据适用范围将其分为通用型食品、选择性食品及特定用途食品。

强震灾害发生后，应急食品供应多表现出阶段性特征，且不同阶段供应特点存在明显差异。震后应急救援初期，一方面，由于强震灾害伴随较大的能量释放，造成交通道路等严重损毁，较多依赖于空中运输方式进行应急食品的运输与投放；另一方面，由于受灾群众对应急食品的需求紧迫度较高，该阶段应急食品供应种类多以不用加热便可直接食用的方便类应急食品为主，如面包、香肠、压缩饼干等。震后应急救援中后期，伴随交通运输的逐渐恢复，受灾群众情绪得以安抚，应急食品营养需求相对增加。因此，该阶段的应急食品需求种类多在初期需求种类的基础上，增加一些营养价值更高的肉制品、豆制品、奶制品以及易保存类蔬菜、面粉等（表1-4）。同时，考虑受灾群众人口统计学结构，对于老人、妇女及5岁以下受灾群众较多的地区，应适当增加供给应急食品的营养含量，最大程度上避免该类人群因营养不良而引发的其他伤害。

表1-4 地震不同救援阶段应急食品需求种类

救援阶段	应急食品种类	产品举例	特点
初期	瓶装饮用水	矿泉水、功能饮料等	食用简便、不易变质、营养价值单一
	方便食品	面包、压缩饼干等	

续表

救援阶段	应急食品种类	产品举例	特点
中后期	豆制品	豆浆、豆乳等	相对易腐食品、营养价值更高
	奶制品	牛奶、奶酪等	
	肉制品	猪肉、牛肉等	
	其他普通食品	蔬菜、面粉等	

（三）应急食品供应

应急食品供应是一种通过有效的灾后应急管理处置，将受灾群众所需的应急食品物资运送至灾区，从而保障受灾人员基本生活的一系列自然灾害救助措施。灾后应急食品供应属于应急物流（emergency logistics）系统范畴，主要负责实现应急食品物资从存放点至受灾点的时空转移（图1-1），涉及应急食品供应流程、调配方案及指挥调度等多个方面。

图1-1 灾后应急食品供应示意图

应急食品供应除表现出应急物流突发性、不确定性、弱经济性等一般性特点，同时还具备以下显著特点：①时效性，灾害发生后，应迅速对灾区群众进行应急食品供应，以保障其基本生存；②连续性，受灾群众对应急食品的需求及应急食品的消耗均是连续的；③阶段性，灾害初期（0～72h）采用多种运输方式组合的方式进行主动式供应，中后期（72h以后）依据不同灾区需求则调整为被动式供应；④安全性，应急食品供应过程中需进行严格的安全把控。

此背景下，如何结合应急食品供应特有属性及现有研究成果，进一步规范我国灾后应急食品供应体系，实现灾后应急食品快速、高效、科学供应，提升我国灾后应急食品供应响应及处置能力将具有十分突出的现实意义。

（四）应急食品供应体系

通过文献梳理发现，面向灾后应急食品供应的相关研究已逐渐引起国内外学者的关注与重视，特别是在食品应急物流、食品应急供应链及食品应急调度等方面已取得一定进展。但整体而言，研究成果相对分散，整体性、系统性待加强。

1. 食品应急物流

自然灾害发生后，基于应急物流的物资调配是降低灾害影响的关键手段。应急物流作为一种在突发事件发生后，通过为灾区提供其所需应急物资，从而实现时间效益最大化及灾害损失最小化目标的特殊物流活动，是灾后应急保障体系的重要内容，亦是实现应急食品高效供应的重要手段。国外关于应急物流体系的研究起步较早，并围绕应急物流概念界定、体系构建、特点分析等，形成了较为丰富的研究成果。

前期大量的研究证实，加强对突发事件下食品应急物流的管理，尤其是食品应急物流的事前管理，有助于切实提高应急物流能力，并最大限度地减少突发事件造成的损失。Gutierrez 重点研究了应急物流配送网络的优化问题，指出在突发事件下，通过网络框架的优化设计可以寻找到最优化运输网络，从而提高食品应急供应的效率。Carter 等认为应急物流是当灾害导致的物资需求超过现有资源储备时，通过规划、管理及控制资源的流动，为受灾群众提供救济的过程。Thomas 等认为应急物流是一个由应急物资筹措、储备、运输等环节构成的系统工程。Serap 等认为应急物流规划是在任何灾害发生后，能够立即满足灾民最初需求的关键组成部分，由运输规划、物资筹措、储备、分发、信息化工具以及参与团队等构成。对于食品应急物流，Lupinskii 等认为食品应急物流的优化目标应当重视物流的及时性，并提出可将其划分为收集、储存、分配和管理四个组成部分以进行优化研究。Kemball 等通过对索马里难民救助行动中的应急食品运达率进行研究，提出可进行有效的应急物流管理以提高应急食品供应效率。Douglas 详细分析了灾害条件下应急食品物流的特点，提出灾害发生初期由于对灾害信息掌握不充分，供应方多"主动"将大量食品物资运输至需求点以满足灾区需求，随着应急救援阶段的不断推进及有效信息的逐渐获取，可将此前的"主动供应"机制调整为"按需供应"机制，从而提高食品物流的效率。Yen-Hung Lin和Rajah Batta等明确提出应根据各受灾点的应急需求迫切度进行应急食品分配，并通过建立需求优先交付的应急物流模型，有效提高食品的应急供应能力。Thomas提出提高食品应急物流供应能力的关键在于确保应急食品供应的"时效性"，为此，其通过构建突发事件下应急食品及时送达目的地的概率模型，并运用随机过程对其进行实证分析，计算实际送达时间与期望送达时间之间的误差概率，探明影响应急食品供应能力的关键环节。

相较而言，国内对于应急物流的研究起步较晚，2003年"SARS"事件之后，才开始重视应急物流理论、流程、保障等相关研究。随着研究的不断深入，研究者愈加意识到灾后应急物资供应不能一概而论，因物资种类和灾区群众对其需求程度不同，应急物流要随之改变。因此，有必要针对特定物资的应急供应体系进行深入研究。农绍敏以当年"SARS"期间我国突发事件下食品供应短缺问题，研究提出适宜的信息披露及完善的食品储备机制，有助于消除公众恐慌并确保食品应急供应。2008年，一篇《从汶川大地震反思粮食应急供应策略》的文章，深刻反思了汶川大地震中食品应急供应存在的问题，指出只有建立并完善食品的生产体系、储备体系和供应体系，才能有效提高应对突发事件的食品应急供应能力与效率。郭天池等通过对我国食品应急物流现状进行分析，认为当前我国食品应急调度存在出救点选择耗时耗力、车辆路径规划不合理等诸多问题，为此，其利用蚁群算法对食品应急调度模型进行了优化改进。孙黎宏等在全面分析我国食品应急物资储备系统环境的基础上，指出我国应丰富食品应急物资的种类，建立基于灾害类型的食品应急物资储备系统，从而大力提高我国的食品应急物流供应能力。金玉品等基于国家宏观层面视角，分析了我国建设食品应急供应体系的必要性，明确提出我国应尽快建设涵盖管理机构、工作机制、物资储备以及基础建设四个方面的食品应急供应体系，实现食品的高效供应。赵士风等基于食品应急物流协调指挥能力视角，研究了突发事件下应急食品的供应保障问题，并重点剖析了当前我国食品应急物流系统协调指挥存在的问题，指出上述问题为制约我国食品应急供应能力提高的关键瓶颈。为此，其设计了突发事件下食品应急物流协调指挥系统的总体架构，以期提高食品应急物流系统的协调性、可靠性和时效性。邹辉等在深入研究自然灾害下食品应急物流供应能力的特征要求的基础上，从指挥协调、配送运作、储运技术、应急信息管理和物资储备五个方面分析了影响食品应急物流供应能力的具体因素，并据此构建了自然灾害条件下食品应急物流供应能力的评价体系，最后运用网络层次分析-模糊灰色理论（Analytic Network Process-Fuzzy Grey Theory，ANP-FGT）方法对这一体系进行了实证评价。耿会君通过分析我国食品应急物流现状，提出可将食品应急物流运作周期概括为预警处理阶段、紧急准备阶段、运作维持阶段以及后期控制四个阶段。谢如鹤等通过对广东省食品应急物流进行调研，提出食品应急物流运作流程应包括食品收集、配送、指挥、信息、反馈评价系统以及相应的保障机制。符瑜等以海南某公司为例，分析了海南食品应急物流发展现状及存在问题，并提出应当重视食品应急物流过程中仓库的应急服务功能、强化运输管理能力等相关建议。

2. 食品应急供应链

伴随全球灾害环境及社会关系的飞速变化，单纯针对应急物流的研究已无法满足日益复杂的灾后应急响应要求。近年来，供应链的概念已被广泛应用于企业的管理实践之中，但是，关于供应链的概念，由于视角不同，众学者们给出的定义也不尽相同。

第一种是从供应链的主体角度对其进行定义，有学者提出供应链指的是那些为市场提供产品或服务的企业。

第二种是从供应链的功能角度进行定义，有学者认为供应链指的是一种设备和分销选择的网络，其主要作用在于原料的采购，原材料经过加工制成中间品和产成品，并将制成品最终分销给消费者。

第三种定义认为供应链是围绕核心企业，通过对物流、信息流和资金流的监控，从原材料的采购开始，经过加工制成中间品和产成品，最终将产品通过分销网送到顾客手中，它是一个把供应商、制造商、分销商、零售商和消费者等各有关主体联系在一起的功能网链结构。这是一个更广泛的企业架构模式，是供应链的一个更全面的定义。它包括供应链上的所有企业，从最初购买原材料，依次经过供应链上不同企业的加工、包装和销售等环节，最终到达消费者。这一定义既包含了供应链所具备的功能，也包含了供应链具有怎样的结构，对所有节点企业来说供应链在其中起着主导作用。

另外，还有学者提出，供应链是一个由供应商、制造商、零售商和消费者组成的产品制造和提供服务的功能网络。这个定义是对第三种概念的简要概述，本质上与第三种概念没有差异性的区别。

通过对上述不同学者所提出的供应链进行梳理与分析，对供应链的相应解释可总结为：第一种供应链是一个网链结构，包含从始端供应商到终端消费者的多个环节，这种网链结构，包括供应商、制造商、分销商、零售商和最终用户；第二种供应链所包含的活动范围很广，在供应链中包括商流、物流、信息流和资金流的活动；第三种与第四种供应链是一个系统，处于供应链中的各企业协调合作，风险共担，利益共享，一起实现供应链利润的最大化。

应急供应链（Emergency Supply Chain）作为一种在突发事件发生后，由应急物资供应过程中涉及的实体及实体活动关系所构成的功能链状网络，涉及应急物资供应、应急配送、应急物流等多重领域，且多由政府主导，具有动态性、灵活性等特点，愈发引起了研究者的广泛关注。但文献分析发现，当前针对食品应急供应链的研究尚不充分，现有成果也多由食品供应链或应急物资供应链等发展而来，相关研究仍处于起步阶段。Umar等提出一个高效的食品供应链需强调物流、合作、采购及知识管理等，及其在实现供应链灾后复原力方面的重要性。Smith等提出最简单的食品供应链应由生产、储存、运输、配送等环节组成，根据不同的适用范围，可以形成一条或长或短的食品链，以满足不同灾害环境下的应急食品需求，并深入分析了紧急情况下食品供应链的运作流程。朱琳等提出了食品供应链突发事件风险管理框架理论模型，并基于政府与企业两个层面，探讨了防范食品供应链风险的应急策略。张丽总结了食品供应链特征，并以新冠疫情为例，分析了疫情期间食品安全风险管理对策，为政府强化食品供应链风险管理提供了相关建议。石崇玉等提出应保障食品供应链柔性与弹性相结合，尤其在突发事件发生后，供应链柔性及弹性的提升与否将决定着危机应对效率的高低。

3. 食品应急调度

早在20世纪50年代，学者们便开始从各个方面就应急物资调度问题展开研究。经过几十年的研究和发展，现已形成了许多新的理论及方法，如数学规划模型、网络流量模型、博弈论模型、组合数学模型等。针对灾后食品物资供应领域，Hamedi等为解决考虑可靠性的车队人道主义响应计划问题，以配送时间最短为目标，构建了水、食品等人道主义应急物资的调度模型。Rajan等构建了考虑各受灾点需求紧迫度的物流模型,有效地提高了灾后食品物资的供应能力。Thomas通过构建突发事件后的应急食品按时送至灾区的概率模型,获得应急食品送达时间的概率误差,并提出了影响灾后应急食品供应能力的关键环节。Wen等基于食品运输环境角度构建了应急食品配送路径模型,提出根据受灾点的动态需求调整配送策略,不仅可提高应急食品的配送效率,同时也为解决物流中存在的食品安全和保存、及时供应和需求连续性等问题提供了新的思路。瑭杰对灾后食品应急物流进行风险分析,提出了基于目标规划的自然灾害应急食品运输优化模型。刘炜炬采用调度建模方法,分别构建了灾后确定与不确定性需求下的食品调度模型,为震后食品物资供应提供了计算工具。吕伟等针对应急供应时间窗约束,提出了兼顾公平性原则下,最大化时间及需求满意度的综合时间窗约束模型,为应急食品供应时间窗约束提供了研究新思路。方瑜等以成本及时间最小化为目标,构建了一个包含供应点、食品中转站及灾区的三级救援供应链,为食品物资运输提供了最优调度路径。石崇玉等综合考虑2020年新冠疫情暴发期间应急食品调度存在的多种不确定性因素,提出了基于鲁棒优化理论的应急食品调度模型,该模型可在满足疫区群众基本需求前提下,实现应急食品配送时间最短且成本最低的优化目标,从而解决封控区食品无法自给自足的问题。

综上,食品类应急调配模型研究尚处于初步探讨阶段,食品物资应急调度的阶段性、连续性特点尚未引起足够重视,针对震后初期响应阶段的应急食品调配模型仍待进一步探究。

(五)灾害应急管理

1. 应急管理的概念

美国联邦政府紧急事态管理局(Federal Emergency Management Agency,FEMA)认为,应急管理是通过组织分析、规划决策和对可用资源的分配,实施对灾难影响的减除、准备、应对和恢复,其目标是拯救生命、防止伤亡、保护财产和环境。《突发公共事件的应急管理探讨》一文中指出,应急管理是指为摆脱危机状态,相关组织利用管理活动完成有关突发公共事件的防范与应对工作的行为过程。自然灾害应急管理是指政府或社会组织等通过建立必要的应急体系,以及采取一系列必要措施,以防范、降低自然灾害所带来的人民生命及财产损失,恢复社会秩序,最终促进社会稳定、健康发展所采取的活动。根据灾后应急管理的不同实现目标，既包括宏观层面上的全面把握推进，也涵盖分地区、分部门或分类别的针对性管理；基于灾后应急处置的不同角度，灾后应急管理既涵盖根据不同的自然灾害类别开展一系列管理活动，也包括依据自然灾害发生及演变过程所进行的管理活动。

在国外所建立的专门应急管理组织中，走在前沿的国家与组织包括英国的国家应急事态秘书处、美国的联邦应急事态管理处、澳大利亚的应急管理署等。这些国家级应急组织均以国家政府为主体。以澳大利亚的应急管理系统为例，其系统分为最高级别、风险管理部门、风险管理辅助部门三个层级，三个级别的层次由前到后依次递减，分别对应了战略、战术与辅助实施三种功能。

在国家应急管理体制方面，我国在2006年设立了国务院应急管理办公室，但应急管理办公室不负责直接指挥应急管理，应急力量较为分散。政府尚未从国家安全和国家利益的高度制定相关反危机战略，导致在突发事件发生时，应急管理政策和项目往往是被动的，政府难以提前发现突发事件的表征现象；在危机爆发后，表现为处理过程较仓促，主要集中于解决最近事件出现的问题，而不是对全面的风险和脆弱性进行评估和完善，给应急管理带来新的治理挑战。2018年3月，十三届全国人大一次会议批准设立中华人民共和国应急管理部，作为国务院组成部门和国家应急管理的最高机构，整合了十三大应急管理部门的职责，负责公共突发危机事件的指挥、协调、分工等工作。有学者指出，组建应急管理部对我国发展公共安全治理体系非常关键，把握好这次历史机遇才可快速推进我国应急管理体制、机制和法制建设。

2. 自然灾害应急管理阶段

根据自然灾害的发生发展特征和自然灾害应急管理的目的，从全过程角度，将自然灾害应急管理划分为预防与准备、监测与预警、响应与处置，以及灾后恢复与重建四个阶段的工作。

(1) 预防与准备 自然灾害应急管理所强调的预防与应急准备，主要是指为最大程度上降低灾害损失，保障受灾群众的基本生存需求等，相关政府部门或社会组织在自然灾害未发生时或灾害发生前所采取的一系列防范及准备工作，主要包括应急管理组织与相关制度（应急预案、应急机制、应急体制和应急法制等）、应急物资、救援队伍、资金、工程和技术等保障，以及应急演练和应急知识的宣传、教育和普及等工作。

① 组织与制度。组织指挥体系及相关制度的建设是应对突发自然灾害的根本保证。对于某些频发多发类自然灾害，应常设相应的自然灾害应急指挥机构。对于没有常设应急指挥机构的自然灾害应急管理，常态化状态下也应有应对灾害的组织准备，以便灾害发生后能够对其实现迅速的应急响应。该体系应当由与特定自然灾害应对相关的各方负责人组成，在组织响应过程中，应当做到权责分明，同时形成协调配合的机制。通过组织指挥体系职能的行使，可迅速调用相关资源，有序有效开展自然灾害应急工作。如在重特大自然灾害中组建自然灾害应急指挥中心，对突发重特大自然灾害预警，灾情信息收集、核实、上报，救灾物资准备和调拨，灾民紧急转移安置，灾民基本生活救助等各个工作环节实行责任制管理，将任务目标落实到人，以确保突发重特大自然灾害救助有序进行。

应急管理相关制度，包括自然灾害应急管理的体制、机制、法制以及应急预案，乃至具体的细则或规定等。组织指挥体系以及应急管理的体制、机制、法制以及预案体系的建设，不仅为灾时应急处置与救援提供了组织和制度方面的保障，而且对整个应急体系建设，包括各类应急资源的准备与保障、应急演练、社会宣教与动员等工作也起着极大的促进作用。

② 应急救援队伍。应急救援队伍包括来自三个渠道的相关人员：一是由灾区群众组成的自救互救队伍；二是由政府调集的救援队伍；三是由其他社会力量所构成的志愿者。具体包括：a. 骨干应急救援队伍，指由公安消防、特警、武警、解放军、预备役部队和民兵等力量组成的应急救援队伍；b. 专业应急救援队伍，指由政府相关部门组建的具备一定专业技术能力，专门处置各类突发事件中专业技术事故的应急救援队伍，包括卫生、建设、国土资源、环保、农业、林业、水利、海事、海洋与渔业、电力、电信等部门应急救援队伍；c. 综合应急救援队伍，指由基层政府、有关部门、企事业单位和群众自治组织组建的专职、兼职、义务应急救援队伍；d. 志愿者应急救援队伍，指由共青团、红十字会、青年志愿者协会以及其他组织建立的各种志愿者参加的应急救援队伍；e. 专家应急救援队伍，指由各行业、各领域具备一定专业技术水平的专家人才组成的专家组。

③ 应急物资和装备保障。建立健全应急物资的监测预警、储备生产及调拨配送体系是做好自然灾害灾前应急管理的有效手段。自然灾害等突发事件发生时，迅速有序、科学高效的应急物资保障可确保受灾群众生活必

需品供应的不脱销、不断档、保质量。同时，救灾及应急物资的储存、调拨、供应也需依托社会、企业、市场，发动和依靠各级力量应对灾害事件。

各专项应急救灾队伍根据不同预警级别，对其所指挥的应急事项全过程物资、技术装备需求进行分解、归纳整理，建立起不同级别的专项应急物资、技术装备目录。政府相关部门负责对各个专项应急指挥部物资、技术装备目录的归纳整理，建立应急物资、技术装备企业名单及联系制度，同时建立应急物资、技术装备信息库，制定应急物资、技术装备标准，构建现代三级物资储备保障体系信息网络等。此外，为保障救灾人员、灾民和救灾物资的运送，信息指令传达的通畅，以及现场抗灾抢险工作的顺利开展，其他相关部门诸如交通和通信方面也必须有预先的物资装备准备和科学防范机制。

④ 资金保障。灾前应急准备、灾中应急响应及灾后恢复重建均需要大量的资金、人力及物力支持，包括：

a. 政府的救灾预算、重特大自然灾害发生后临时追加和拨付的救灾款项。根据《中华人民共和国预算法》相关条款，每年按照财政支出的适当比例安排政府预备费，作为公共财政应急储备资金；同时财政部门要在一般支出预算中增设自然灾害事件应急专项准备资金，并根据应急管理工作的需求，逐步提高资金提取比例。

b. 保险资金。自1988年起，民政部门在全国部分地区开展了救灾合作保险试点。按照救灾合作保险的性质和特点，保险金作为救灾资金的一部分，无灾年作为储备资金，并以轻灾年补重灾年，但救灾保险本质上仍属于社会保险的一部分。

c. 民间救灾基金和救灾捐款。世界许多国家的经验证明，通过财政应急保障预案来保证抗灾救灾资金的及时到位是灾害应急资金保障的必要途径之一，同时，也可适当应用保险与基金。2008年，中国重大自然灾害频发，特别是年初南方大部分地区发生的低温雨雪冰冻灾害，以及5月12日，四川汶川发生的8.0级特大地震，造成了重大经济及人员损失。据统计，截至2008年12月初，全国接收各界地震捐赠款物751.97亿元，深入灾区的国内外志愿者队伍总量在300万人以上，在后方参与抗震救灾的志愿者人数在1000万人以上，其经济贡献约合185亿元。

⑤ 防灾减灾工程与技术准备。研究表明，自然灾害造成损失的严重程度与致灾因子及承灾体状况特点密切相关。因此，在自然灾害发生前，针对可能发生的自然灾害致灾因子及承灾体开展必要的防灾减灾工程和技术

准备，能够在一定程度上缓解和降低自然灾害所带来的损失。目前，主要的防灾减灾工程包括：江河防汛抗旱工程，重要大城市的防汛、抗震工程，险堤、险库的加固工程，沿海地区的地面沉降防治措施，山区的防塌、防滑工程，国土绿化工程，应急避难场所以及分洪蓄洪区等。防灾减灾技术准备则包括监测和人工干预自然灾害发生发展过程的技术及装备等。

⑥ 演练与宣教。为了在灾害发生后能够迅速有效地开展灾害应急救援及响应，同时也为了检验已开展各项准备工作的成效，进行自然灾害应急预案的总体演练和专项活动演练，如群众疏散、信息和指挥系统运行等，是一项有效的手段。同时，开展自然灾害及其应急管理的宣传、培训、教育更是一项十分基础性的工作。一方面，能够加强对应急队伍和管理人员的应急专业培训，另一方面，加强对全民的防灾救灾宣传培训和教育工作，特别是预防、避险、自救互救、减灾等知识，也有助于提高民众的灾害意识和自救、互救能力。

(2) 监测与预警　监测一般是由专业性及群众性的自然灾害监测台网或监测体系，通过监视成灾预兆、测量变异参数等对灾情进行监视和评估等，并发布相应的长期、中期、短期或临灾预报，从而有助于自然灾害管理工作的前期准备和灾害发生后进行再应对。自然灾害的预警是指由指定部门或机构根据监测和预报信息等作出的自然灾害即将发生并要求开展应急准备的警示通告。科学的监测、预报和预警机制是开展应急管理、最大限度地减轻自然灾害所带来危害的重要前提。

自然灾害的监测应急管理不仅要求保持实时数据信息监测，同时，还应当建立或确定区域统一的特定类别自然灾害信息系统，汇集、储存、分析、传输有关自然灾害的信息，并与上下级政府及有关部门、专业机构、监测网点和毗邻地区的突发事件信息系统实现互联互通，加强跨部门、跨地区的信息交流与情报合作。

自然灾害发生前大多可以进行预警。如我国《国家自然灾害救助应急预案》中规定，自然灾害的预警级别，按照其发生的紧急程度、发展势态和可能造成的危害程度可划分为一级、二级、三级和四级，分别用红色、橙色、黄色和蓝色标示，其中，一级为最高级别。宣布进入预警期后，政府等相关部门应立即根据即将发生的突发事件的特点和可能造成的危害，采取相应措施，如预案的启动、应急物资的调拨和人员临战的准备等。

(3) 响应与处置　灾后应急响应与处置是指各种应急物资在灾害发生、预警发布或预案启动后，迅速进入对应应急工作状态，并按应急管理指挥机构的部署和指令安排迅速开展应急处置和救援活动，以消除、减弱事故危害，防止事故扩大或恶化，最大限度地降低事故造成的损失或危害，直至应急响应结束。按过程可分为接警与响应级别确定、应急启动、开展救援行动、应急恢复和应急结束等过程。①接警与响应级别确定。接到事故报警后，按指定工作程序，对警情做出判断，初步确定相应的响应级别。如果事故不足以启动应急救援体系的最低响应级别，响应关闭。②应急启动。响应级别确定后，启动相应应急程序，如通知应急中心有关人员到位、开通信息与通信网络、通知调配救援所需的应急资源（包括应急队伍和物资、装备等）、成立现场指挥部等。③开展救援行动。相关应急队伍进入事故现场后，迅速开展事故侦测、警戒、疏散、人员救助、工程抢险等有关应急救援工作，专家组为救援决策提供建议和技术支持。当事态超出响应级别而无法得到有效控制时，向应急中心请求实施更高级别的应急响应。④应急恢复。救援行动结束后，进入临时应急恢复阶段。该阶段主要包括现场清理、人员清点和撤离、警戒解除、善后处理和事故调查等。⑤应急结束。执行应急关闭程序，由事故总指挥宣布应急结束。应急响应、处置与救援是自然灾害应急管理最核心的环节，是一系列极为复杂的、社会性的、半军事化的紧急行为。应急响应、处置与救援同时又是一个高速运转的复杂动态巨系统。在这一系统中，各要素、子系统均围绕着搜寻和抢救人民生命财产以及工程和次生灾情的抢险而展开工作。

（4）灾后恢复与重建　主要工作是迅速恢复社会生活秩序、恢复经济生产，破旧立新、重建家园，实现由"应急状态"向"常态化"转变。大灾过后，各种建筑设施的破坏，工矿企业的停产，金融贸易的停滞，家庭结构的破坏等均会引起巨大的次生损失。为尽快安置灾民、恢复生产，必须强调灾后重建工作的极端重要性。此外，自然灾害应急处置或恢复重建工作基本结束后，政府及参与此项工作的相关社会组织还需对本次自然灾害的发生发展情况和应急管理情况做认真的总结，以进一步健全应急体系，提高应急管理能力，为防范未来发生自然灾害起到重要的支撑作用。

（六）决策支持系统

早在 20 世纪 70 年代开始逐步形成的辅助决策技术（又称决策支持技术），以管理科学和运筹学、信息经济学和行为科学等多学科为研究基础，结合计算机技术、仿真技术和信息技术等技术手段，同时利用各种数据、信息、知识、人工智能和模型技术，形成了可解决结构化的决策问题，以及支持决策活动的智能的人机交互决策支持系统（Decision Support System，DSS）。决策支持系统不仅能够通过为操作用户提供决策所需要的数据、信息或背景资料，支持其识别待解决的问题、明确决策目标等，同时还可通过构建、优化决策模型以及分析、评估、比较备选方案等，为操作用户提供一份可供参考的决策报告。辅助决策系统最初只广泛应用于计算机信息安全领域，是一种用于解决复杂问题、辅助重要决策的计算机技术，后来该概念逐渐被应急管理、资源调度、事件处置等多领域广泛应用。

1. DSS 的主要任务

分析及识别问题；描述、表达决策问题及决策知识；生成备选决策支持方案，即目标、规划、方法与途径等；构造决策问题的求解模型，包括数理模型、运筹学模型、结构模型等；形成决策问题的评价标准，如价值化、科学化、效益化等；多方案、多目标、多标准条件下的比较与优化；综合性分析，涵盖特定情况下的决策结果或方案分析，以及各种环境因素、变量对决策方案或结果的影响程度分析等。

2. DSS 需具备的功能

为实现上述任务目标，DSS 需具备以下功能。

① 整理并及时、完整地提供与决策问题有关的各种数据，如震后应急食品供应辅助决策系统中的储备点储备数据、受灾群众需求数据、运输路径数据等。

② 收集、存储并及时提供其他与决策问题有关的数据，如不同应急救援阶段的应急食品需求种类数据，应急避难场所数据，道路修复、车辆通行状况数据等。

③ 数据挖掘与分析。利用决策系统的分析工具解释现有收集并存储的数据间的关系即隐藏的规律，使其能够反过来预测问题的发展趋势及决策结果等。

④ 数据组织。通过抽样、探索、修改、建模、评估等步骤，对决策支持系统的各模块数据进行组织，并结合标准的运筹学（如线性规划、运输问题、调配问题等）、质量管理（如排列图、鱼骨图等）、数理统计方法（如回归分析、方差分析、主成分分析、典型相关分析、判别分析、因子分析、聚类分析等），使决策支持系统的支持数据可帮助操作用户制定重大决策。

⑤ 收集与决策问题有关的各项活动的反馈信息，包括系统内及系统外的相关数据。

⑥ 存储与所研究的决策问题有关的各种模型，如应急物资调度模型、库存控制模型等。

⑦ 灵活运用模型与方法对数据进行一定的加工、汇总、分析、预测等，得出所需的综合信息或预测相关信息。

⑧ 利用人机对话及结果输出功能实现数据的精确或模糊查询，并实现相关决策分析报告的获取。

⑨ 提供良好的数据通信功能，以保障决策信息的稳定传输。

⑩ 减少系统的运转操作时间，从而保障决策支持系统具有较高的系统效率。

⑪ 可对嵌入模型在不同运行环境下的运行结果进行实验及分析比较。

⑫ 可访问不同来源、不同格式、不同类型的数据，包括地理信息系统和面向对象的相关数据。

3. 决策支持系统的组成部分

主要包括5个部分。

(1) 人机对话系统　人机对话系统是决策支持系统中连接用户与系统的桥梁，其能在系统使用者、模型库、数据库、知识库和方法库之间传送、转换命令及数据。因此，该系统设计的好坏将对整个决策支持系统的成败有着举足轻重的意义。对使用者来说，需设置一个良好的对话接口；对维护者来说，则需设置一个方便的软件工作环境。可以说，人机对话系统是决策支持系统的窗口，人机对话系统功能的好坏可决定整个决策支持系统水平的高低。

(2) 数据库　数据及其内部所隐藏的信息是决策支持必不可少的重要依据。因此，数据库系统对于整个决策支持系统来说是一个最基本的组成部分，它拥有支持决策所需的各种基本信息。一般情况下，任何一个决策支持系统都不能缺少数据库系统。数据库系统一般由决策支持系统数据库、数据库管理系统、数据字典、数据查询模块和数据析取模块组成。其中最主要的是数据库及其管理系统。

(3) 模型库　模型库系统是传统决策支持系统的三大支柱之一，是决策支持系统最有特色的组成部分之一。与数据库相比，模型库的优势主要在于其能够为决策者提供推理、比较选择和分析整个问题的相关模型，并且能体现决策者解决问题的途径和方法。随着决策者对问题认识程度的深化，模型也必然会随之发生相应的变化，即模型库系统能灵活地完成模型的存储和管理功能。因此，模型库及其相应的模型库管理系统在决策支持系统中占有十分重要的位置。

（4）知识库　当决策支持系统向智能方向发展时，知识和推理的研究才显得越来越重要。正是知识和推理技术的引入才使得决策支持系统能够真正达到决策支持所提出的目标。现实世界中，越来越多的决策问题都要求决策支持系统能够处理半结构化和非结构化问题。这类问题若单纯用定量方法是无法解决的，故为了使决策支持系统能有效地处理这类问题，必须在决策支持系统中建立一个知识库，用以存放问题的性质、求解的一般方法、限制条件、现实状态、相关规定、各种规则、因果关系、决策人员的经验等解决问题的相关知识，并建立知识库管理系统。此外，一个成功的决策支持系统还应设置能够综合利用知识库、数据库和对定量计算结果进行推理和问题求解的推理机，以实现决策和解决问题时的推理功能。

（5）方法库　为了使系统结构更加清晰，需将方法从模型库中分离出来，单独组成一个方法库，并同时配有相应的方法库管理系统，共同构成决策支持系统的另一个组成部分——方法库系统。方法库系统是一个可综合数据库及程序库的软件系统，其能够为求解模型提供算法，是模型应用的辅助系统。因此，配备一个内容丰富、性能优越的方法库，可使决策支持系统更富有活力。方法库系统由方法库、方法库管理系统、内部数据库和用户接口等几部分组成。

4. 新一代决策支持系统

可支持半结构化或非结构化问题决策场景，从而辅助操作用户进行管理决策，其不仅可利用现有计算机硬件方面的最新技术（如可交互的计算机系统、大容量的外存、多样化的外部设备、最新的数据库技术和数据通信等），还进一步补充了文本库、模型库、方法库以及知识库等软件部件，从而使整个决策支持系统具备预测、推演等更为智能化的功能，以辅助操作用户在尽可能短的时间内完成最优决策。此处列举几个具有代表性的新一代决策支持系统。

（1）群决策支持系统（Group Decision Support System，GDSS）　此系统是相对个人决策而言的，一般是指将两个或多个专家或相关人员召集在一起共同讨论实质性问题，从而提出能够解决目标问题的若干方案，并对所提备选方案的优劣进行评价，最后做出决策的过程。在群决策支持系统中，除了涉及与决策支持系统的相关内容外，同时还会涉及不同的决策者个人、时间、地点、通信网络及个人偏好和其他技术等复杂内容。因此，群决策支持系统必须将通信、计算机以及决策技术等结合起来，从而能够更加条理、更加系统地解决目标问题，推动最优决策的完成。

群决策支持系统一般可提供三个级别的决策支持：第一层次的群决策支持系统旨在解决操作用户，也就是决策者之间的沟通问题，降低交流障碍，如借助显示大屏、无记名投票统计、信息交流等途径。第二层次的群决策支持系统则主要提供成熟的系统技术，包括有助于认识过程和系统动态的结构技术，决策分析建模和分析判断方法的选择技术。决策者通过面对面的工作，共享解决问题的知识和信息资源，从而制订出行动计划。第三层次的群策支持系统则是将第一、二层次的技术整合起来，并借助计算机技术、仿真技术等启发、指导群体通信，从而最终有助于为决策群体提供新的解决方案。

（2）分布式决策支持系统（Distributed Decision Support System，DDSS） 随着决策层次的提高及决策环境的日益复杂，由于决策过程中所必需的信息要素或决策因素等多分散在较大的活动范围内，且收集整合较为烦琐，因此越来越多的大规模决策活动已不便于采用集中方式进行管理。分布式决策支持系统就是为适应这类决策问题而建立的信息系统，它是由多个物理分离的决策支持系统构成的计算机网络，且该网络上的每个节点中至少含有一个决策支持系统或具有若干辅助决策功能，与一般的决策支持系统相比，具有以下特征：①可支持处于不同节点的多层次决策，并提供个人、群体以及组织支持功能；②不仅可基于一个节点向其他节点提供决策，还可提供针对结果的说明与解释；③支持资源共享；④可为节点间提供交流机制及手段，支持人-机、机-机以及人-人交互；⑤具备处理节点间发生冲突的能力，协调各节点操作；⑥允许系统或节点进行扩展；⑦系统内部节点具有相同的等级。

（3）智能决策支持系统（Intelligence Decision Support System，IDSS） IDSS是人工智能（Artificial Intelligence，AI）与决策支持系统相结合，应用专家系统（Expert System，ES）技术，使其能够更加充分地应用人类的知识，如关于决策问题的描述性知识、决策过程中的过程性知识以及求解问题的推理性知识等，通过逻辑推理来帮助解决复杂的决策问题的辅助决策系统。智能决策支持系统的概念最早是由美国学者 Bonczek 等人于 20 世纪

80年代提出，核心思想是将 AI 与其他相关科学成果相结合，使 DSS 具有人工智能，既可处理定量问题，又可兼顾处理定性问题。

智能决策支持系统由用户接口模块、问题求解模块、库管理模块、数据库系统、模型库系统和方法库系统几部分构成。其中，用户接口模块是该系统与用户交互的窗口，它可向操作用户提供各种命令语言及 I/O 软件，从而使用户提出可被系统接受的命令或要求，并按照客户所要求的格式输出结果。问题求解模块由问题分析及问题求解两部分组成。首先通过对目标决策问题进行分析，建立相应的模块序列；其次，进行各模块内部结构组建及模块序列的连接与运行；最后则是对决策结果进行评价和优化。库管理模块则肩负系统内外部环境的信息传输"桥梁"作用，并通过对模型库、知识库、方法库等进行协调、维护及管理，使 AI 的知识推理和 OR 的数值计算相结合成为可能。在智能决策支持系统中，模型库也可以数据化形式实现，因此，数据库不仅包含模型所要求的数据文件，也包含模型运行的结果文件。模型库是智能决策支持系统的核心，它可使决策者方便地构造、修改和应用库内各种模型以支持决策。方法库则是把支持决策相关的方法有机结合起来，提供与建立和求解模型有关的方法。

智能决策支持系统具有以下特点：①系统较为实用；②可充分利用各层次信息资源，实现资源整合；③表达方式规范，便于用户掌握及使用；④具有较强的模块化特性，且模块重用性好，开发成本较低；⑤各部分组件灵活，功能强大，且易于维护；⑥可迅速采用 AI 等先进支撑技术。

（4）**战略决策支持系统**（Strategy Decision Supporting System，SDSS） 也称为战略信息系统。战略决策是国家、地区、部门和企业发展取得竞争优势的最重要的决策，一旦发生失误，便会导致全局性、长期性和潜在性的灾难。因此，战略决策理论及方法研究便成为了一个重要的前沿领域。战略决策通常由一组专家合作完成，为实现对战略性事件的决策支持，战略决策支持系统应该具有数据库系统模型与方法库系统、知识库系统、案例分析系统、输入/输出系统及控制与通信系统等功能模块。其中，知识库系统具有知识推理及获取功能，以便于存储、管理定性模型和启发式或关联式领域专家知识，应用、加工知识库中的知识，允许开发人员输入并调整知识库的启发性或相关性知识。案例分析系统通常包括案例资料库、已解决的问题与案例库，并具有类比判断分析、寻找既往案例中与当前问题类似的案例以选择有效的问题解决方法、案例获取、将案例输入资料库并维护案例知识规则等功能。

基于此，战略决策支持系统具备以下特征：①具备推理机制，可模拟决策者的思维过程；②能跟踪战略问题的求解过程，证明战略方案的正确性；③能有效地解决半结构化和非结构化问题；④不仅能回答 what-if 类的问题，还能回答 why、when 类的解释性问题；⑤便于决策团成员随时使用决策支持系统。

(5) 基于数据仓库技术的决策支持系统　数据仓库作为一种管理技术，其可将分布在网络中不同站点的数据集成到一起，为决策者提供多类型、有效的数据分析，从而起到决策支持的作用，也为决策支持系统开辟了一种新途径。20 世纪 90 年代中期，从人工智能、机器学习中发展起来的数据挖掘技术，能从数据库、数据仓库中挖掘有用的知识，并以一定的组织方式形成知识库，利用推理机对知识库中的知识进行推理。它是以定性分析的方式来辅助决策。数据挖掘技术使知识库集成到决策支持系统中形成智能决策支持系统，其能够对非结构化的问题进行分析推理。数据挖掘技术的应用使传统决策支持系统向智能化迈进了一步。尽管集数据库、模型库、方法库、知识库于一体的智能决策支持系统能够对决策问题进行定性分析，但随着系统信息量的迅速增大，从数据库中抽取所需数据变得越来越困难，相应地对大量知识的搜索、分析也变得越来越困难，需借助数据仓库和联机分析处理（OLAP）技术进行处理。基于此，将模型库、数据仓库、联机分析处理技术、数据挖掘及交互接口集成可形成更高一级的决策支持系统。其中，数据仓库可实现对决策主题的综合与存储，联机分析处理技术可实现多维数据分析，数据挖掘能够挖掘数据库和数据仓库中的知识，模型库则实现多个广义模型的组合辅助决策，专家系统利用知识推理实现定性分析，上述模型或部分相互补充、相互依赖，发挥各自的辅助决策优势，从而实现更有效的辅助决策。

(6) 智能型、交互型、集成化决策支持系统（Intelligent, Interactive and Integrated Decision Supporting System, I^3 DSS)　I^3 DSS 是面向决策者及决策过程的综合性决策支持系统的一个功能框架，可实现系统分析、运筹学方法、计算机技术、知识工程、专家系统等相关技术的有机融合。在面向问题的前提下，充分发挥各技术优势，实现决策支持系统的集成化。考虑到决策支持系统进入到高层次的决策活动领域时，所处理的问题多为半结构化或非结构化的，为进一步帮助决策者明确问题、认定目标和环境约束，产生决策方案和对决策方案进行综合评价，系统必须具有更强的人机交互能力，即交互式（Interactive）系统。在处理难以定量分析的问题时，则需要使用知识工程、专家系统方法与工具，组织各个有关模块，实现决策支持过程的集成化，该过程就是决策支持系统的智能化（Intelligent）过程。

三、国内外研究现状

此部分主要从应急辅助决策系统、地理信息系统两个部分的研究现状展开论述。

（一）应急辅助决策系统

随着自然环境的日益恶化及社会环境的日益复杂，信息孤岛、沟通不畅逐渐成为导致应急响应迟缓的重要因素，仅关注灾后供应体系、流程或调配模型构建，已无法满足日益提高的应急响应要求，必须借助相关技术手段进行多源异构数据集成，以便于应急指挥决策人员能够针对不同的灾害类型、灾情状况以及响应阶段等，做出更为完整、准确、科学的判断与决策。但是，尽管突发危机事件应急决策支持的研究有了长足的进展，但现有的理论与方法仍存在许多不足之处。

① 在突发危机事件的应急决策支持方面，大多数研究与具体问题相关，问题不同时，具体危机管理的决策模式与方法就有很大差异，尚没有一个统一的决策理论框架，且大多数决策模式局限于特定的目标与情境下。

② 目前国内外已有很多从管理策略和预先制定预防措施方面展开的突发危机事件应急响应与决策研究，然而现有的突发危机事件应急决策过程多以单个决策主体为核心进行。由于单个决策主体很难对突发危机事件所涉及的各个方面、各种技术都有充分的了解，单一突发危机事件决策主体往往由于其自身缺陷而成为危机管理的掣肘。因此，有必要对应急群决策进行专门研究。然而，关于突发危机事件的应急群决策过程，尚未看到相关文献。在突发危机事件应急决策过程中，如何有效地借助当今高度发展的信息技术和网络技术，最大限度地吸纳多元决策主体参与决策过程，进而形成科学的突发危机事件应急群决策支持系统，是当前突发危机事件应急决策支持理论与方法研究面临的主要难题。

③ 目前对突发危机事件提供的决策支持方法，大多建立在应急预案的

产生式逻辑框架（if...then...）基础上，其导致决策支持手段静态化，对于系统动态变化和信息具有不确定性的突发危机事件应急决策问题，据此所给出的应急对策和建议远远不能满足实际需要。如何改造现有突发危机事件应急响应的决策支持技术，在考虑系统外界干扰及信息不确定等系统特征的基础上，建立对突发危机事件的动态分析，形成动态化的决策支持方法，是突发危机事件应急决策支持的关键难题。

（二）地理信息系统

地理信息系统（Geographic Information System 或 Geo-Information System，GIS）作为一种空间数据库的信息系统，能够在计算机硬件和软件支持下有效地收集整个或部分地球表面和地理空间数据，然后进行存储、处理、分析等，进行数据的可视化展示，并最终实现计算机、地理学、测绘、信息科学的有机统一，为化解灾后应急管理风险提供契机。GIS技术最大的特点在于能够将空间信息以及属性数据等有机结合，并根据不同要求以电子地图或图形、文本的直观形式输出给用户，从而协调相关救援行动、加快反应速度，将资源调配至正确的位置。目前，GIS系统已应用于震后应急实时动态标绘、信息可视化展示、监控指挥、交通运输信息共享等相关领域。如：美国联邦紧急事务管理局以GIS为运行平台，开发了相应的震害评估软件包，有助于当地政府预防及减轻地震所带来的人员及经济损失。Christopher等以肯尼亚为例，开发了一项可用于粮食应急的地理信息系统，能够在紧急情况下进行预警、监测和后勤工作。Fathizahraei等提出GIS技术有助于灾后应急响应阶段救援、后送、食物供应等反应速度的提升。Mehedi等借助GIS系统，实现了某一区域内现有灾害管理能力详细信息的获取，有助于协助应急管理者对灾区脆弱群体的确定。贾胜韬等构建了基于GIS的震害应急系统，通过智能分析、辅助决策等相关功能，实现了政府与各救援部门间的协调联动。魏艳旭等构建了基于GIS的某省地震应急指挥系统，能够在地震发生后迅速获取灾情信息，并通过生成评估报告、专题图等，显著提升当地的震灾应急指挥能力。Ding设计了一种基于GIS的城市交通共享多媒体信息平台，为实现交通管理部门实时掌握城市道路、车辆运行及动态交通信息等提供了一种新途径。徐兰声将GIS系统应用至城市震后应急响应过程中，提高了城市震后数据采集的精确性与应急救援的灵活性。吴珍云等基于开源GIS，构建了可应用于某省的地震应急平台，通过影响场评估、事件管理及相关基础数据管理三类功能的实现，为灾害现场应急救援队工作的顺利开展提供了较大便利。

基于上述研究不难发现，GIS 系统已应用于灾害应急管理的各个阶段，并伴随研究的不断深入发挥着日益重要的作用。但同时也应意识到，现有研究的应用范围多局限于灾后应急响应的某一环节或阶段（如灾情评估、运输调度等），且各环节/阶段相互孤立。因此，如何有效地将 GIS 技术引入灾后应急食品等基础性物资的应急供应过程中，从而实现其整体化、系统化建设，仍待深入探索。

本章小结

一、阐述了当前国内外自然灾害现状，开展自然灾害应急食品供应研究的背景。

二、梳理了自然灾害应急食品供应的相关概念，如自然灾害、应急食品供应、应急食品供应体系、灾害应急管理、决策支持系统等。

三、概括了国内外应急辅助决策系统以及地理信息系统的研究进展。

第二章

自然灾害应急食品供应与辅助决策系统案例分析

　　针对当前自然灾害应急食品供应面临的诸多挑战，项目组试图通过分析当前自然灾害应急食品供应现状，为应急食品供应体系框架、应急食品供应辅助决策系统研究奠定基础，特此开展了相关案例分析研究。

一、自然灾害应急食品供应案例

由于重大自然灾害的危害极大,且具有瞬时性,使得应对这类灾害的难度极大,灾害不仅造成巨大的人员伤亡和财产损失,同时还会导致灾区食物供应链功能丧失,短期食物结构发生显著变化等,突发自然灾害下的应急食品供应面临着新的应对难题。

(一)国内自然灾害应急食品供应案例

以2008年四川汶川"5·12"地震、2021年河南郑州"7·20"特大暴雨为例,简单阐述国内自然灾害应急食品供应相关情况。

1. "5·12"汶川地震

2008年5月12日,四川省汶川县映秀镇附近发生8.0级地震(简称为"5·12"汶川地震),范围波及四川、甘肃、陕西、重庆等多个省市,造成了重大人员伤亡和财产损失,成为新中国成立以来破坏最为严重的一次地震灾害。为了减少人员伤亡、受灾损失,防止次生灾害带来更大的破坏,抗震救灾工作迅速展开。在抗震救灾的过程中,需要大量的应急物资,以满足伤病救助、灾民食宿、卫生防疫、灾后重建等的需要。特别是应急食品的供给,在救灾过程中发挥着极其重要的作用。根据"5·12"汶川地震状况,在应急食品保障方面,具有阶段性、相关性、需求层次性三大特点。应急物流特点总体表现为突发性、不确定性、供方主导性、弱经济性和非程序化决策五个特点。2008年6月1日,国家民政部颁布《汶川地震抗震救灾生活类物资分配办法》(民发〔2008〕74号),该办法第三条明确规定了救灾物资分配的总原则,抗震救灾生活类物资应当根据受灾区域大小、受灾程度、人口密度、灾区群众需求进行分配,保证重点,确保及时、快捷、高效、公开、公平、公正发放,避免浪费。

2. 郑州"7·20"特大暴雨

河南郑州"7·20"特大暴雨灾害是一场因极端暴雨导致严重城市内涝、河流洪水、山洪滑坡等多灾并发,造成重大人员伤亡和财产损失的特别重大自然灾害。灾害共造成河南省150个县(市、区)1478.6万人受灾,因灾死亡失踪398人。灾害发生后,重重困难面前,当地群众的菜篮子、米担子能否得到保障成为人们最关心的问题。面对灾后重建和疫情防控,相关政府部门第一时间制定了生活必需品应急保供方案，明确了市场监测、商超防控、货源储备等多个方面的重点工作。当地和全国的众多企业也积极承担社会责任，各大食品饮料酒类企业陆续发布公告，开启紧急救援。河南省、市、县三级粮食应急力量，启动粮油市场价格应急监测机制，密切监视粮油购、销、存及价格变化。同时，组织人员前往超市、应急加工企业进行市场调研，详细了解成品粮油库存情况、工厂产能以及销售情况，督促应急供应企业保持粮油产品充足供应，并向社会群众发布保供稳市承诺，确保市场秩序井然，供给总体充足，保供稳价有力。

（二）国外自然灾害应急食品供应案例

以2009年意大利拉奎拉地震、日本东京自然灾害物流与物资保障为例，阐述国外自然灾害应急食品供应相关情况。

1. 意大利拉奎拉地震

2009年4月6日，意大利中部城市拉奎拉发生6.3级强震，尽管地震只持续短短20秒时间，却导致56个村庄的上万间房屋被毁，65000人流离失所。意大利在紧急时期的食品管理和大规模粮食救助主要是由志愿组织（食品管理单位）来实施，这些组织是事先选定，并承诺与应急管理机构共同应对紧急情况。在此过程中，尽管选定的研究对象（食品管理单位）拥有开设野地厨房的装备和技能，能够妥善准备和分发食物，但尚无规范的预案或指南；此外，通常情况下，志愿者并未拥有食品安全和营养的专业背景或教育背景，只是参加了食品安全基础课程的学习。在拉奎拉地震的后续行动中，尽管存在诸多障碍，依据被援助者和援助者双方面所反映的情况来看，应急食品的供应与保障工作的开展仍然是有效的。

2. 日本东京自然灾害物流与物资保障

日本东京自然灾害发生频率较高、灾害种类多元，政府与市民具有较强的防灾意识与物资储备经验，形成了较为系统的灾时物流与物资保障体系。一是提前制订差异化的分阶段物资供应预案。在灾害发生前侧重储备仓库建设、物资储备和运输体系建设，灾害发生后72小时内关注应急物资的调配与发放，灾害发生72小时后注重恢复市场流通。二是建立多层次的物资储备体系，构建了以政府储备为主体、企业和家庭储备为补充的储备体系。三是依托便利店、前置仓等社区商业承担终端物资供给职能。提前与各商业组织、企业、零售商等签订物资采购协议并展开物资采购实战训练,确保援助物资的种类和数量、接收时间和地点清晰。四是关注全方位物资运输体系的建设。

二、灾害应急辅助决策系统案例分析

随着生态及社会环境的日益恶化,引发自然灾害发生的原因也日趋复杂,灾后应急食品供应过程中的信息孤岛、沟通不畅逐渐成为导致应急响应迟缓的重要因素。灾害应急指挥系统是一项投资大、应用敏感的城市基础设施,同时,又是一项业务发展快、技术更新快的新兴项目。基于此,如何做好项目发展规划,使系统有一个良好的持续发展能力,同时,科学定义与现有相关系统的接口和有机集成,并有效地保护投资,是应急指挥系统项目规划和技术设计的关键问题。显然,国内外应急平台的建设经验和技术路线可以为本项目中自然灾害应急食品辅助指挥决策系统的设计与建设提供借鉴和参考。

(一)国内外典型应急指挥平台

1. 中国国家应急平台体系

应急平台体系是应急管理体系的重要组成部分,主要为应急组织体系服务。应急平台体系建设是完善应急体系、支撑应急预案实施的重要基础性工作,对于提高政府对突发公共事件的应急处置能力,有效降低或缓解其危害与影响,创造良好的公共安全环境具有重要意义。根据《中共中央关于构建社会主义和谐社会若干重大问题的决定》《国务院关于全面加强应急管理工作的意见》(国办发〔2006〕24号)和《"十一五"期间国家突发公共事件应急体系建设规划》(国办发〔2006〕106号),2006年,我国启动了应急平台体系建设,包括国务院应急平台,31个省(自治区、直辖市,不包括港澳台地区)、新疆生产建设兵团、5个计划单列市应急平台,若干有应急职能的部门及应急平台和部门值班系统。2018年4月16日,中华人民共和国应急管理部(Ministry of Emergency Management of the People's Republic of China)正式挂牌成立,将分散在国家安全生产监督管理总局、国务院办公厅、公安部(消防)、民政部、国土资源部、水利部、农业部、林业局、地震局以及防汛抗旱指挥部、国家减灾委、抗震救灾指挥部、森林防火指挥部等的应急管理相关职能进行整合,在很大程度上实现了对全灾种的全流程和全方位管理,有利于提升公共安全保障能力。应急管理部通过整合相关部门职责,在工作上形成首尾相连、循环往复、持续改进的管理闭环,提升应急管理的前瞻性和主动性,能够将全流程、标准化、科学化的应急管理模式和工作机制推广到各个专业领域之中,提高国家整体应急能力。当前,国务院应急平台已基本建成,构建了以国务院应急平台为中心,以省级和部门应急平台为节点,上下互通、左右衔接、互联互通、信息共享、互有侧重、互为支撑、安全畅通的国家应急平台体系,实现对突发事件的监测监控、预测预警、信息报告、综合研判、辅助决策、指挥调度等主要功能。根据需要,国务院、省级(包含市、地)和部门应急平台等可与同级军队(武警)应急平台互联,国务院和部门应急平台可与国际应急机构连接。

国家应急指挥辅助决策系统见图2-1。

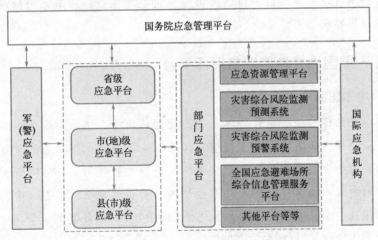

图2-1 国家应急指挥辅助决策系统示意图

2. 美国突发事件指挥系统

自2001年9月11日世贸中心和五角大楼遭袭以后,美国在突发事件的预防准备、反应、恢复以及救援能力与协调程序等方面做了大量的工作。尽管大多数突发事件通常由事发地政府日常处理,然而有些重大事件的成功处理有赖于各级政府部门、职能机构以及应急反应部门的共同参与,需要相关机构的组织行动有效、高效协调。2003年2月28日,美国总统签署了国家安全第5号总统令(HSPD-5)指示国土安全局成立并管理美国国家突发事件管理系统（National Incident Management System，NIMS）。美国的突发事件指挥系统（Incident Command System，ICS）是国家应急管理体系一个重要的组成部分，系统结构见图 2-2。2004 年，美国国土安全部在对 ICS 的术语含义、组织和程序方面作了一些修改，在 NIMS 中全盘采用 ICS。经过数次修改完善（当前为 2008 版），在美国突发事件的应急管理中，ICS 已经成为应对所有突发事件的一种有效的工具。

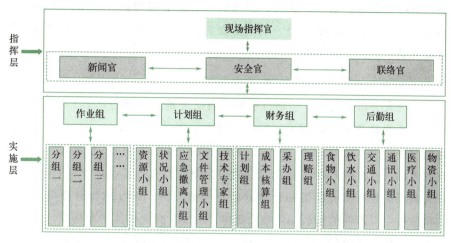

图 2-2　美国突发事件指挥系统结构

美国突发事件指挥系统从机构的设置原则、各组之间的沟通机制、应急响应目标的确立及处置行动的开展等方面都有很多特点，主要可概括为 2 个方面共 14 个特点。第一方面为指挥系统结构设计，包括：①通用的术语；②模块化组织；③目标式管理；④整合的通信；⑤一元化指挥；⑥统一的指挥框架；⑦统一的突发事件行动计划。第二方面为指挥管理，包括：①适当的控制幅度；②适当的资源管理；③责任；④派遣、调度；⑤指挥链的统一性；⑥救灾所需的特定设施；⑦信息与情报管理。ICS 的核心优势在于目标式管理、一元指挥和指挥链的统一性、职责明确等几个方面。

3. 英国综合应急管理

英国受其气候、地理位置和工业发展等因素的影响，饱受自然灾害和灾难事故的威胁。英国非常注重应急管理体系信息化技术平台的发展。早在 1990 年，英国就将新型超大计算机应用于气象服务，逐步建立了针对气候灾害的预警机制。除了在灾难预防中运用科技手段，英国还将卫星通信技术应用于救灾过程中。例如，在抗洪救灾过程中，英国将卫星技术应于大型应急指挥车,用于上网与总部信息系统相连,作为应急指挥枢纽,有效地将各级指挥人员连接起来。2004年,英国各地方政府开始建立综合应急管理(Integrated Emergency Management,IEM)。IEM有指挥、控制、协调、协作、通信等5个核心模块,能够增强多个应急机构之间的协调与协作能力,以应对大规模突发事件,其功能为:①识别潜在突发事件;②评估其发生可能性与后果;③制定应急预案;④部署相应的应急能力;⑤评价应急策略、预案和能力;⑥提供必要的培训和教育。IEM代表了英国应急管理的主要战略框架,承诺在面临破坏性挑战后迅速恢复"常态",从而有助于英国的恢复力。

4. 德国紧急预防信息系统

对巨大灾难的管理(包括自然和人为的灾难)要获得高效、取得成功,决策者必须要及时获取相关信息。2001年,德国内政部门建立了"紧急预防信息系统"(German Emergency Planning Information System,deNIS),在此基础上开发的deNIS Ⅱ的目标则是为市民和灾难反应建立起一个网络,作为联邦和地方政府决策制订者的信息沟通支持,更好地为自然灾害和技术事故等突发事件的援救提供信息服务。deNIS的主要任务即是支持灾难管理者的工作,相应的deNIS Ⅱ系统只对一些授权的使用群体开放:主要是联邦政府的内务部门和灾难控制部门的运作中心。deNIS Ⅱ系统存储的数据包括静态数据和自动执行的动态数据,用以评估灾难的现状和面临的问题,分析应该采取什么样的方法来保护公众的人身安全,必须向州、联邦政府或者外国申请哪些援助物资。纵观整个系统可以发现,通过将分散的信息汇集和巩固至一个地理信息系统,以及整合所有数据生成一个具有多重功能的交互式态势图,deNIS Ⅱ成为德国重大危机管理的一个强有力的工具。

5. 日本灾害信息系统

日本1996年开始建立的灾害信息系统(Disaster Information System,DIS)包括早期评价系统(Early Estimation System)和应急决策支持系统(Emergency Measure Support System),覆盖范围从首相官邸、内阁府和都道府县等行政机关,一直延伸到市町村。

另外,其他国家和地区也都在探索,做出很多有益的尝试。

综上所述,国内外应急平台的建设备受重视,不断发展。目前大都遵循上至中央政府、下至各省市的分级平台建设,旨在建立一个全方位、立体化、多层次的、综合性的应对突发公共安全事件的应急平台体系。

（二）典型应急指挥平台功能特点

1. 高效的运作支持

通过改进操作流程，有效地提高响应速度，从而提高系统的整体效能。

（1）实时信息服务 系统提供实时信息服务和应急处置服务，并通过一整套联动信息表达方法，营造实时的应急处置和响应环境。例如，每接收一个突发事件信号，系统自动提供预警信息，进行事发地址的验证服务，自动检查相同事件，显示事件周边地理环境和应急资源状态，提示询问和处置信息，并及时报告事件状态改变信息。

（2）自动反应计划 在突发事件全程处置与响应过程中，系统能够对所有的关键处置步骤定义自动反应计划和触发条件，在事件处置响应过程中，一旦触发条件具备，系统即可自动推荐应急处置措施，从而有效地缩短反应时间，提高事件的处理效率。

（3）宏支持 系统可以将突发事件信息接收与响应处置过程中常用的操作模式定义成宏，在使用时实现一键调度，进一步提高突发事件响应处置操作效率。

（4）标准化处理程序 对于经常出现的突发事件，系统可以定义标准化的处理处置程序，保证事件处理的规范性和高效性。

2. 多机构协同指挥

应急指挥的核心是多部门、多机构协同指挥，整体作战。

（1）多机构、多职能组定义 系统中的机构或实体可以定义，规定其拥有的资源、自动反应计划、事件类型和权限，当出现与这些机构相关的事件，这些机构即可自动被激活，参与事件处理。多机构的概念也体现在同一个机构不同职能部门协同处置方面。

（2）多角色协同 决策和指挥的最佳境界就是群策群力。系统提供协同功能支持指挥中心人员与现场处置人员、上级部门与下级部门、指挥中心与协作单位之间的多层次、多方式协作，实现多人高效的协同事件处理，达到"一点感知，处处可知"的指挥佳境。

3. 强大的系统集成能力

联动部门在其长期运行过程中，积累了大量的专业资源和处理系统，这些资源也是应急指挥的基础资源。因此，应急指挥系统允许与其他系统互连互通互操作。

(1) 规范化接口服务　接口服务支持接口代理体制，由专用的接口服务器来支持。该接口/通信服务器配有各种接口，并将接口通信与外界系统进行处理。将接口活动设在独立的服务器上，可以优化系统的反应时间，并增强数据库及通信等其他功能。

(2) 指挥系统之间的互操作性　大型指挥体系中一般都有多级指挥体系（组织）结构，为了实现这些系统之间有效的协作，必须解决好系统之间的互操作性问题。系统提供专门实现不同指挥系统之间的互操作模块。定义基于 XML 的数据交换协议，能够实现该系统与其他应急指挥系统之间的信息交换，包括事件信息、处置信息、现场反馈信息和其他相关信息的交换。

4. 智能化

应急指挥平台的智能化，指的是系统包含大量业务知识，可根据事件处理的状态，运用这些知识，向指挥人员适时推荐处置程序或对事件处理过程上报，以辅助决策人员对事件作出高效、准确的反应。由于现代城市高度集约化发展，突发自然灾害越来越复杂，所需要的专业知识越来越多，从而对指挥人员专业素质提出了更高的要求。因此，智能化程度是应急指挥系统技术水平高低和适应性的一个重要指标。

系统基于规则驱动的处理逻辑，所有业务控制逻辑均规则化，系统对事件处理场景的反应均通过规则设定实现自动反应。系统根据事发地、事件类别、事件性质自动选择事件的应急响应人员和部门，并推荐事件处置所需要的应急资源。分配原则可定义。

5. 强大的基于地图/图形的可视化调度能力

应急指挥系统中的电子地图系统不仅用于地理信息、救援人力资源的显示，而且还用于可视化的，基于 GIS 图形化的应急资源管理、行动规划、态势显示与指挥调度等，可以通过图型化的拖拽，完成指挥与调度。地图系统一般都支持 MapInfo、ArcInfo、MGE、AutoCAD、GeoSQL、Genasys 和其他商业格式。

6. 可靠的系统维护与抗毁能力

一个系统的功能发挥还依赖于良好的运营维护。

(1) 经过大范围验证的维护服务方式　一个成熟的系统，不仅体现在其强大的功能上，同时也体现在科学维护能力上。大范围的用户使用相近版本的软件，其维护服务通过众多考验，系统服务与维护的每一步骤都经过开发人员、实施人员和用户反复验证，因而减少了因维护人员个人素质差异带来的风险，并有效地缩短平均修复时间。

（2）不停机系统维护和升级 系统维护升级不是通过写代码，而是通过配置参数来实现。这样，系统管理员在系统运行时就可以进行维护升级，而应急指挥决策人员等应用软件使用操作者执行系统刷新命令即可实现系统升级，以保证系统在 7X24 环境下无需停机。

（3）系统冗余设计 为确保可靠性，系统使用冗余数据库服务器。两个服务器保存有数据库的相同拷贝，以便在一个服务器出现故障时，系统能继续运行，而不中断。

（4）预备场地的备份 CAD 服务器 针对应急指挥中心机房可能陷入瘫痪的情况，系统提供可在另外的场地设立第三台服务器的能力。当应急指挥中心主站不能工作时，系统里的其他可以继续工作的工作站切换到备份中心的数据库，继续操作。

综上，国内外应急指挥软件平台开发起步相对较早，有丰富的经验积累。主流应急指挥软件采用平台化架构，它们或提供二次开发环境，如使用 TLK 语言进行简单定义；或提供模块化应急基础套件，如功能套件和流程定制套件，各模块灵活组合即可形成新的应用软件；或提供 API 接口进行相关系统的集成；这些应急指挥软件平台具有业务定制的特点，能根据不同流程和功能的需求定制业务响应模型，能更好地兼容已建成的系统，同时，兼顾未来发展的需要。

本章小结

一、以案例分析形式叙述了自然灾害情境下，国内外应急食品供应案例，强化对灾后应急食品供应的认识和理解。

二、阐述了国内外典型的应急指挥平台及其功能特点，论证了基于 GIS 系统的自然灾害应急食品供应辅助指挥决策系统研究的可行性。

第三章

自然灾害应急食品供应指标体系研究

完整、系统的框架有助于研究及使用人员更全面、更快速、更深入地分析、解决问题，同时能够更高效地学习新知识和技能。因此，基于现有应急供应链、应急物流、应急物资调配等相关研究成果，项目组构建了震后应急食品供应体系框架，以明确震后应急食品供应体系基本构成、运作流程等，从而为震后应急指挥决策者进行科学指挥决策提供一种辅助工具，提高震后应急食品供应效率。

一、应急食品供应指标体系研究方法

应急食品供应指标框架的拟定主要涉及文献研究法、半结构式访谈法、政策解析与案例分析法等多种研究方法的融合。

（一）文献研究法

文献研究法是指通过对文献进行整理收集、开展针对性研究，从而科学、有效地认识事实的一种方法。主要检索的数据库包括 PubMed、Scopus、Web of Science、中国知网、万方等，以"食品""应急食品""供应""供应链""物流""应急物流""地震""自然灾害"为主题词/关键词，对建库至 2020 年发表的文献进行检索（表 3-1），共筛选出 2015 篇文献。通过筛选文献标题、摘要及关键词，剔除重复及与研究方向不相关的文献，最终 133 篇文献纳入潜在指标论证的数据源。

表 3-1 文献检索策略

数据库	检索策略
PubMed	("earthquake"[Title/Abstract] OR "natural disaster"[Title/Abstract]) AND ("food"[Title/Abstract] OR "emergency food"[Title/Abstract] OR "supply"[Title/Abstract] OR "supply chain"[Title/Abstract] OR "logistic *"[Title/Abstract] OR "emergency logistic *"[Title/Abstract])
Scopus	TITLE-ABS-KEY (("natural disaster" OR "earthquake") AND ("food" OR "emergency food") AND ("supply chain" OR "supply" OR "emergency logistics *" OR "logistics *"))
Web of Science	TS=((earthquake OR natural disaster) AND (food OR emergency food) AND (supply OR supply chain OR logistic * OR emergency logistic *))
CNKI	SU=（应急食品＋食品）AND SU=（应急物流＋物流＋供应链＋供应）AND SU=（地震＋自然灾害）
万方	(主题:("应急食品") or 主题:("食品")) and (主题:("供应链") or 主题:("应急物流") or 主题:("物流")or 主题:("供应")) and (主题:("自然灾害") or 主题:("地震"))

（二）半结构式访谈法

半结构式访谈法是指通过一对一、面对面的交流形式，与受访者建立融洽的关系，从而捕捉和了解受访者潜在的深层次信息的一种定性研究方法。访谈过程中，研究者针对访谈的结构会有一定的控制，但同时也允许受访者积极参与。研究者会事先拟好一个粗略的访谈提纲，根据自己的研究目的和中心思想向受访者进行开放式访谈。然而，访谈提纲主要作为一种提示，在实际的访谈过程中，研究者在提问的同时，也鼓励受访者提出自己的问题或谈及一些发散的"题外话"，并根据访谈的具体情况对访谈程序和内容进行相应调整。

本项目在文献研究的基础上，选择了两组震后应急食品供应的利益相关者进行访谈，以补充初始应急食品供应体系框架。项目研究过程中，主要考虑三方利益相关者主体，分别包括：①提供应急食品物资的部门或组织（实际研究过程中按级别进行分类：国家级、省部级、地市级、街道等）；②负责执行应急食品供应的人员（实际研究过程中按环节进行分类：储备、筹措、运输、检测、分发等工作人员）；③受灾群众（实际研究过程中按人群属性进行分类：普通人群及特殊人群，如：老人、妇女、儿童）。

项目实施中，半结构式访谈提纲主要包括：

① 当前应急食品供应体系的基本构成；
② 应急食品供应体系的责任部门及其具体职责；
③ 强震等重特大自然灾害对应急食品供应体系的影响；
④ 当前应急食品供应体系存在哪些亟需解决的问题；
⑤ 对灾后应急食品供应体系的完善有哪些建议及对策。

（三）政策解析与案例分析法

收录并分析重特大自然灾害尤其是强震灾害发生后，有关应急物资供应的相关政策，并重点关注灾后应急食品具体供应环节、职能部门、职责分工及响应评估等关键要素，从而补充并完善现有自然灾害应急食品供应指标池。查找网站包括中华人民共和国应急管理部官网及各省、市民政部官方网站等，以确保查找资料的真实可靠性。如我国《自然灾害救助条例》第八条中明确规定：县级以上地方人民政府及其有关部门应当根据有关法律、法规、规章，上级人民政府及其有关部门的应急预案以及本行政区域的自然灾害风险调查情况，制定相应的自然灾害救助应急预案。自然灾害救助应急预案应当包括自然灾害救助应急组织指挥体系及其职责；自然灾害救助应急队伍；自然灾害救助应急资金、物资、设备；自然灾害的预警预报和灾情信息的报告、处理；自然灾害救助应急响应的等级和相应措施；

灾后应急救助和居民住房恢复重建措施。其中涉及的应急预案制定、灾情信息获取均可纳入应急食品供应体系指标框架之中。相关案例包括汶川地震（2008年）、玉树地震（2010年）、海地地震（2010年）等国内外重特大自然灾害等。

二、应急食品供应指标体系论证

Delphi法是一种通过迭代结构化方式广泛获取专家组意见的研究方法，在经济性、保密性、匿名性、时效性、意见广泛性等方面具有独特优势。与传统的面对面会议或讨论相比，可为复杂问题提供更加客观和准确的专家解决方案、判断和政策等，同时，结构化方式的参与更有助于参与者提供受控反馈，现已被广泛应用于医学、管理学、药学等多个学科。改良Delphi法通过文献综述或半结构式访谈等代替传统Delphi法的开放式问卷，从而节约专家咨询过程的时间，提高专家应答及回复效率。

（一）专家纳入标准

专家组的有效选择及其对于研究问题的关注度是Delphi专家咨询研究顺利开展的有效保障。根据研究目的及内容，本项目的确定专家纳入标准包括：

① 从事应急管理、物流管理、救援医学、卫生事业管理等相关专业的科研人员或具有丰富突发事件应急食品供应实践经验的工作人员；
② 本科学历及以上；
③ 中级职称及以上；
④ 5年及以上相关领域工作经验；
⑤ 熟悉专家咨询法，愿意为本项目研究提供建议或帮助。

（二）专家人数确定

根据相关文献，Delphi专家咨询人数以10～30人为宜。咨询人数过少限制咨询学科广泛性，导致咨询结果缺乏可信度；咨询人数过多则导致咨询过程组织不易，并存在数据收集、统计分析负荷过重等现象。故本项目根据第一轮专家咨询问卷指标池容量大小，最终确定咨询专家人数为18人。

（三）专家咨询问卷设计

本书在文献研究、半结构式访谈、政策解析与案例分析的基础上，形成了第一轮专家咨询问卷（附录1）。第一部分为研究背景、目的及方法阐述，向被咨询专家简要介绍研究项目相关内容，其次是专家基本信息采集，包括性别、教育程度、实践经验等，专家对研究问题的熟悉度调查表（非常熟悉、熟悉、中等、不熟悉、非常不熟悉）及各级指标选择依据自我评价表（依靠理论分析、实践经验、参考和直觉选择）；第二部分则为应急食品供应体系指标的重要性评分，采用5分度Likert量表（1~5分别表示：非常不重要，不重要，中等重要，重要，非常重要），要求专家进行指标重要性程度评分，若咨询专家对评分指标存在不同的想法，可在指标建议增删栏中提出修改意见。

（四）具体实施步骤

本书主要借助电子邮件或邮寄纸质问卷的方式，于2020年9月至12月，共进行2轮改良Delphi专家咨询以展开相应研究。每轮专家咨询过程持续时间为1~2周。第一轮专家咨询完成后，依据制定的纳/排标准，进行指标筛选及修改。专家组对于各级指标所提出的反馈性意见，由研究小组整合讨论后，决定是否纳入下一轮专家咨询。此外，第二轮专家咨询问卷中附有第一轮专家咨询结果汇总，就各级指标增删、修改情况给出具体解释，以供第二轮专家参考，详见附录2。

（五）技术路线

研究分为质性分析、问卷编制、咨询论证三个部分，具体技术路线见图3-1。

（六）统计分析

应急食品供应指标框架统计分析阶段，主要包括数据整理与分析，专家基本信息分析，专家意见信、效度检验，以及应急食品供应体系权重分配四部分。

1. 数据整理与分析

数据整理采用Microsoft Office Excel 2010进行专家基础信息、指标反

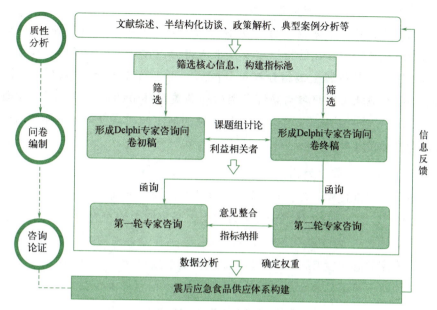

图 3-1 自然灾害应急食品供应体系论证技术路线图

馈意见及指标重要性评分的数据录入与整理，同时采用双录入法进行数据质量控制，以便后续统计分析；数据分析则采用 IBM SPSS 26.0 统计软件，计算指标包括重要性均值、变异系数、满分频率等相关指标，α 取 0.05。

每轮专家咨询皆通过计算问卷回收率以评估专家积极性系数，专家积极性系数＞70%即可认为咨询有效；参与专家对调查内容的认知程度通过计算专家权威系数（Cr）进行评估。其中，专家权威系数计算公式为：Cr＝(Ca＋Cs)/2，式中，Ca 表示专家判断依据，Cs 表示各咨询专家对问题的熟悉程度；另，通过衡量指标重要度均值（M）、满分率（K_j）、变异系数（CV）以作为指标纳入标准。由于本项目研究过程中使用的是 5 分度 Likert 量表，故 $M＞3.5$，$CV＜0.25$ 和 $M_j≥50\%$ 被视为指标纳入标准。

计算指标变异系数、肯德尔（Kendall）系数 W 以表示专家评分的协调程度。其中，变异系数表示专家组对同一指标评分的协调程度，系数越小，对应指标的协调程度越高；W 反映专家对各级指标的整体认可程度，取值范围 0～1，W 越大，专家意见越趋于一致。

克朗巴赫（Chronbach）系数 α 是评价指标体系内可靠性的常用指标。如公式(3-1)所示，$\alpha＞0.70$ 被视为框架可靠性的可接受值。

$$\alpha = \frac{k}{k-1}\left(1 - \sum_{i=1}^{n} S_i^2 / S_p^2\right) \tag{3-1}$$

其中，k 为参与计算的指标数。

供应体系各级指标权重可借助第二轮专家咨询重要性得分进行计算。一级指标权重为归一化的指标重要性平均得分占比；二、三级指标权重系数需分别考虑其所属上级指标权重分配后，再进行该级指标的权重计算。由于一些利益相关者只参与系统框架中一项关键环节的应急响应（如应急食品需求），若只对其中一个环节进行单独的应急响应，也可以单独使用该领域的指标及其权重。

2. 专家基本信息分析

第一轮咨询过程中，1名专家未在规定时间内寄回问卷，问卷有效回收率为94.4%（17/18）；第二轮咨询过程中，全部问卷均在规定时间内寄回，问卷有效回收率为100%（17/17）。研究结果显示，专家判断系数 Ca 为 0.94，专家熟悉程度 Cs 为 0.81，专家组权威系数 $Cr=$（0.94+0.81）/2= 0.88，说明专家组具有较高的权威性。专家基本信息见表3-2。

表 3-2 专家基本信息（N=17[①]）

分类	特征	人数/人	构成比/%
年龄/岁	31～40	3	17.6
	41～50	8	47.1
	50以上	6	35.3
性别	男性	14	82.4
	女性	3	17.6
学位	学士	3	17.6
	硕士	3	17.6
	博士	11	64.7
职称	中级	7	41.2
	高级	10	58.8
工作年限/年	5～9	9	52.9
	10～19	7	41.2
	20以上	1	5.9
研究领域	应急管理	8	47.1
	物流管理	1	5.9
	救援医学	4	23.5
	卫生管理	4	23.5

续表

分类	特征	人数/人	构成比/%
工作岗位	管理岗	2	11.8
	技术岗	15	88.2

① 最终完成两轮专家咨询的人数为 17 人。

3. 专家意见信、效度检验

(1) 效度检验　项目各级指标的 W 值分别是 0.156、0.282 和 0.223（表 3-3），虽然指标均尚未达到 W 标准数值，但对应 P 值均小于 0.05，具有统计学意义，仍可表明研究结论较为可靠。

基于重要性均值、满分频率及变异系数对应急食品供应体系一级指标进行对比分析，结果显示应急食品检测（A4）、应急食品分发（A6）在上述指标中均表现出较弱的协调性（表 3-3，图 3-2）。可能是与第一轮咨询问卷中 A4、A6 内容详略有关，详见附录 1。

表 3-3　专家意见协调度结果

项目	第一轮			第二轮		
	W	χ^2	P	W	χ^2	P
一级指标	0.131	15.557	0.029	0.156	18.551	0.010
二级指标	0.211	96.812	0.000	0.282	115.122	0.000
三级指标	0.260	234.602	0.000	0.223	227.256	0.000

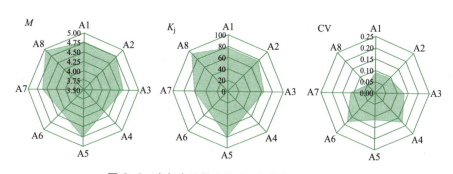

图 3-2　应急食品供应体系一级指标协调性比较

M—重要度均值；K_j—满分率；CV—变异系数；A1—应急食品需求；A2—应急食品储备；A3—应急食品筹措；A4—应急食品检测；A5—应急食品运输；A6—应急食品分发；A7—应急保障体系；A8—信息指挥系统

(2) 信度检验　基于两轮改良 Delphi 专家评分，计算 α 系数，进行专家意见可信度分析，结果表明：专家意见的内部一致性均＞0.70，如表3-4所示。

表3-4 可靠性检验结果（α）

项目	一级指标	二级指标	三级指标
第一轮	0.756	0.907	0.957
第二轮	0.705	0.838	0.971

4. 应急食品供应体系权重分配

根据第二轮专家咨询结果计算领域和指标的权重。如表3-5所示，各级指标的权重系数差异不大，表明构建的应急食品供应体系框架具有良好的稳定性。

（1）第一轮专家咨询分析 第一轮咨询专家积极性系数为94.4%，专家组整体参与积极性较高。结合专家反馈意见及指标纳入/排除标准，本轮共删除指标36个，增加指标11个，合并修改指标21个。

① 一级指标。有专家（3/17）提出：一级指标解释不够凝练，概括不够准确。经项目组讨论后，采纳专家意见，对8个一级指标对应解释进行修正；有专家（2/17）建议将"应急食品运输"修改为"应急食品调运"、"应急保障体系"修改为"制度保障体系"、"信息指挥系统"修改为"指挥信息系统"，经项目组讨论后予以采纳。

② 二级指标。8个二级指标专家意见如下：

A1"应急食品需求"中，有专家（2/17）提出进行应急食品需求预测时，必须明确需求预测的对象。通过查阅文献，重特大自然灾害后的应急食品供应过程中的需求预测主要涵盖应急食品需求种类和数量两个方面，故经项目组讨论后将"灾害因素""人为因素""社会因素"指标合并修改为"需求种类"和"需求数量"，从而进行第二轮咨询论证。

A2"应急食品储备"中，多位专家（4/17）提出"储备点"这一指标的概念较为宽泛，不能很好地突出本项目的研究重点，经讨论后一致认为本项目应关注应急状态下影响储备点调用的相关因素，故将该指标修改为"储备点布局"与"储备能力"；"储备方式"指标变异系数为0.209，表明专家组对该指标存在较大分歧，且其对储备点调用影响较小，故经项目组讨论后将该指标删除。

A3"应急食品筹措"中，有专家（2/17）指出筹措标准作为应急食品筹措时应遵守的准则，不应再纳入指标体系，故删除该指标；无论是筹措的数量或种类，都是按照应急食品需求评估方案实施的，故"筹措数量""筹措种类"二级指标予以删除；"筹措比例"（$M=4.111$，$CV=0.258$，$K_j=44.400\%$）不符合指标纳入标准，予以删除；有 2 位专家（2/17）提出，进行应急食品筹措时，需重点考量应急食品筹措主体的筹措能力，经过项目组讨论后决定增加"筹措主体"及"筹措能力"指标。

A4"应急食品检测"中，"检测方法"（$M=4.056$，$CV=0.253$，$K_j=38.900\%$）属于检测机构业务层面问题，且不符合指标纳入标准，予以删除；有 1 位专家（1/17）提出，"检测指标""检测主体"表述不够明确，建议对指标进行修改；虽"检测主体"变异系数为 0.215，但考虑到有 2 位专家明确提到应当重视检测机构问题，经项目组讨论后，对该指标修改保留；基于文献阅读，项目组一致讨论认为，固定的时间及地点是提高应急检测效率的有效方式，因此在第二轮咨询过程中增加了"检测时点"指标。

A5"应急食品运输"中，有专家（3/17）提出"运输原则"作为应急食品筹措时应遵守的准则，不应再纳入指标体系，经项目组讨论后删除该指标；"运输顺序"（$M=4.000$，$CV=0.253$，$K_j=44.400\%$）不符合指标纳入标准，予以删除；有 2 位专家（2/17）建议，进行应急食品运输时需对运输工具、运输路径等有一定了解与掌握，从而更有利于灾后应急食品物资的调度，故经项目组讨论后决定在第二轮咨询过程中增加"运输路径"及"运输效能"二级指标。

A6"应急食品分发"中，基于研究目标，应急食品分发环节的细节性工作不再属于应急食品供应指挥范畴，且"分发制度""分发原则""分发管理"指标变异系数均较高，故经项目组讨论后予以删除；有专家（2/17）建议，应急食品分发需明确分发目标以提高分发效率，故经项目组讨论后决定在第二轮咨询过程中增加"目标群体"及"分发主体"二级指标。

A7"应急保障体系"中，有专家提出（2/17），现有指标设置涵盖范围较大，未能体现与应急食品供应体系间的联系，建议对指标及相应解释进行修改。经项目组讨论后，将现有指标修改为"应急食品供应预案""应急食品供应保障机制""应急食品供应保障体制"和"应急食品供应保障法制"。

A8"信息指挥系统"中，有专家（4/17）提出，该维度指标描述不准确，建议修改。基于研究目标经项目组讨论后决定："信息采集与管理""信息决策与指挥"指标修改为"信息采集与处理""动态信息实时监测与跟踪""全链条可视化展示"及"辅助指挥决策"；另，"信息人员管理"指标（$M=4.228$，$CV=0.260$，$K_j=44.400\%$）不符合指标纳入标准，予以删除。

③ 三级指标。11 个三级指标专家意见如下。

B1.1 "灾害因素"中，有 3 位专家（3/17）提出进行应急食品需求评估时需考虑灾害持续时间的影响，经项目组讨论后，在需求数量二级指标下增加"灾害预计持续时间"三级指标。

B1.2 "人为因素"中，结合专家意见，将"灾民总数""救灾人员数量"合并为"供应目标总人数"指标，既可综合考虑灾民及救灾人员数量对应急食品供应体系的影响，又可使三级指标表述更为简洁明了。

B1.3 "社会因素"中，有专家（1/17）提出灾害发生后，结合我国国情及灾情严重程度，军警会第一时间介入，因此"社会动荡"对灾后应急食品供应影响较小，经项目组讨论后予以删除。

B2.2 "储备方式"中，经项目组讨论后删除"储备方式"二级指标，故其对应三级指标也予以删除。

B3.1 "筹措方式"中，考虑到本项目研究目标为政府主导下的应急食品供应，故经项目组讨论后删除"社会捐赠"及"应急生产"三级指标。

B5.1 "运输原则"中，经项目组讨论删除"运输原则"二级指标，故其对应三级指标也予以删除。

B5.2 "运输方式"中，结合专家意见，应急食品运输主要是基于最优化运输原则，采用陆（如火车、货车等）、海（如货轮等）、空（如民航、无人机等）的多式联动将应急食品运送至受灾区，故将其对应三级指标进行修改。

B7.1 "应急预案"中，结合专家意见，项目组一致认为本项目应重点关注我国现有与应急食品供应相关的"一案三制"存在与否，以及其可提供的相关支持，指标的涵盖内容则不在本项目研究范围之内，故应急预案对应三级指标可予以删除。

B8.1 "信息采集与管理"中，结合专家意见，将对应三级指标修改为：灾区基础信息（灾情、灾民、地理位置）、供应链环节属性信息（以应急食品调运为例，包括车辆行进方向、行进速度）、资源点分布信息（应急食品储备点、灾民避难点）指标。

B8.2 "信息决策与指挥"中，结合专家意见将"信息采集与管理""信息决策与指挥"指标合并修改为"信息采集与处理""动态信息实时监测与跟踪""全链条可视化展示"及"辅助指挥决策"三级指标。

B8.3 "信息人员管理"中，经项目组讨论后删除"运输原则信息人员管理"二级指标，故其对应三级指标也予以删除。

(2) 第二轮专家咨询分析 第一轮咨询专家积极性系数为 94.4%，专家组整体参与积极性较高。结合专家反馈意见及指标纳入/排除标准，本轮共删除指标 36 个，增加指标 11 个，合并修改指标 21 个。仿照第一轮补充总体分析结果描述。

① 一二级指标。第二轮专家咨询后，应急食品供应体系框架一二级指标的专家意见趋于一致，重要性均值、变异系数及满分频率计算结果均符合指标纳入标准，故经项目组讨论后，不再对一二级指标进行增删及修改处理。

② 三级指标专家意见如下：

C1.1.2 "目标群伤亡人数"中，第二轮专家咨询后该指标未符合指标纳入标准，经项目组讨论后删除。

C1.2.6 "灾民性别构成"中，不符合指标纳入标准，且经项目组讨论后，应急状态尤其是灾后应急响应初期，可暂不考虑受害者性别比例对应急食品需求影响，故对该指标予以删除。

C4.2.1 "民政部"中，第二轮专家咨询后该指标未符合指标纳入标准，经项目组讨论后删除。

C4.2.3 "第三方检测机构"中，虽未符合指标纳入标准，但结合专家意见及项目组讨论认为，为保障在最短时间内实现对受灾群众的应急食品供应，可借助第三方检测机构等社会群体力量，减少供应过程中所花费的时间，以提高整体供应效率。

C4.3.2 "分发前"中，虽未符合指标纳入标准，但结合专家意见及项目组讨论认为，灾后应急物资尤其是食品类应急物资在分发前需对其进行应急检测，以保障需求方所获取的物资是安全、充足的。

C8.1.3 "环节属性信息"中，有专家（2/17）提出，该指标凝练不够明确，无法准确传递如筹措、运输、分发进度信息，建议在此基础上增设四级指标。参考指标纳/排标准，经项目组讨论后，对该指标予以删除。

C8.2.7 "灾民反馈信息"中，第二轮专家咨询后该指标未符合指标纳入标准，经项目组讨论后删除。

三、应急食品供应指标体系形成

本项目系统、全面地论证并构建了应急食品供应体系框架。基于应急管理、供应链管理、信息系统等多学科角度将应急食品供应体系划分为 8 个重要维度，实现了宏观层面上灾后应急食品供应影响因素的全纳入，不仅有利于避免责任部门权责交叉，造成人力、物质资源的浪费，而且有助于灾后应急指挥人员快速了解、掌握应急食品供应环节及流程，为进一步提高震后应急食品供应效率提供了理论与技术支撑。

通过两轮改良 Delphi 专家咨询，本项目完成了灾后应急食品供应体系指标框架论证，该框架包括：应急食品需求、应急食品储备、应急食品筹措、应急食品检测、应急食品调运、应急食品分发、制度保障体系和指挥信息系统 8 个维度（一级指标），对应指标关系详见表 3-5，供应体系框架结构如图 3-3。

表 3-5 应急食品供应体系指标关系

指标	均值	标准差	变异系数	满分频率	权重
A1 应急食品需求	4.765	0.437	0.092	76.500	0.130
B1.1 需求数量	5.000	0.000	0.000	100.000	0.070
C1.1.1 供应目标群体总数	4.882	0.332	0.068	88.200	0.036
C1.1.2 赈灾救助标准	4.647	0.702	0.151	76.500	0.034
B1.2 需求种类	4.118	0.485	0.118	17.600	0.060
C1.2.1 风俗习惯与宗教信仰	4.353	0.702	0.161	52.900	0.011
C1.2.2 灾害发生季节	4.529	0.515	0.114	52.900	0.012
C1.2.3 灾害地理位置	4.412	0.712	0.161	52.900	0.012
C1.2.4 目标群年龄构成	4.412	0.712	0.161	52.900	0.012
C1.2.5 灾害救援阶段	4.471	0.717	0.160	58.800	0.012
A2 应急食品储备	4.765	0.437	0.092	76.500	0.130
B2.1 储备点布局	4.471	0.624	0.140	52.900	0.060
C2.1.1 地理位置分布	4.647	0.493	0.106	64.700	0.022
C2.1.2 储备点级别	4.294	0.772	0.180	52.900	0.020
C2.1.3 储备点总数	4.471	0.717	0.160	58.800	0.021
B2.2 储备能力	4.765	0.437	0.092	76.500	0.070
C2.2.1 储备种类	4.529	0.624	0.138	58.800	0.032
C2.2.2 储备数量	4.765	0.562	0.118	82.400	0.034
A3 应急食品筹措	4.588	0.618	0.135	64.700	0.120
B3.1 筹措方式	4.471	0.624	0.140	52.900	0.040
C3.1.1 储备点调用	4.529	1.007	0.222	70.600	0.014
C3.1.2 紧急购买	4.294	0.985	0.229	52.900	0.014
C3.1.3 直接征用	3.941	0.966	0.245	23.500	0.013

续表

指标	均值	标准差	变异系数	满分频率	权重
B3.2 筹措主体	4.647	0.606	0.130	70.600	0.040
C3.2.1 国家级	4.294	1.047	0.244	52.900	0.014
C3.2.2 省级	4.412	1.121	0.254	70.600	0.014
C3.2.3 地市级	4.077	1.007	0.247	41.200	0.013
B3.3 筹措能力	4.529	0.624	0.138	58.800	0.040
C3.3.1 动员能力	4.824	0.393	0.081	82.400	0.062
C3.3.2 资金保障	4.765	0.437	0.092	76.500	0.021
A4 应急食品检测	4.294	0.772	0.180	47.100	0.120
B4.1 检测范围	4.529	0.624	0.138	58.800	0.040
C4.1.1 数量和种类	4.235	0.752	0.178	52.900	0.021
C4.1.2 质量(安全性)	4.412	1.064	0.241	64.700	0.021
B4.2 检测机构	4.000	0.791	0.198	23.500	0.040
C4.2.1 食品药品监督管理局	4.412	1.004	0.227	58.800	0.020
C4.2.2 第三方检测机构	3.706	1.047	0.282	17.600	0.017
B4.3 检测时点	3.941	0.748	0.190	23.500	0.040
C4.3.1 运输前	4.177	1.032	0.247	47.100	0.020
C4.3.2 分发前	3.647	1.272	0.349	29.400	0.017
A5 应急食品调运	4.765	0.562	0.118	82.400	0.130
B5.1 运输主体	4.529	0.624	0.138	58.800	0.030
C5.1.1 交通部	4.412	1.064	0.241	64.700	0.012
C5.1.2 NGO	3.941	0.950	0.241	29.400	0.011
C5.1.3 商业机构	3.882	1.111	0.286	47.100	0.011
B5.2 运输方式	4.294	0.920	0.214	52.900	0.030
C5.2.1 陆路运输	4.294	1.160	0.270	58.800	0.011
C5.2.2 海上运输	3.647	1.272	0.349	29.400	0.010
C5.2.3 空中运输	4.294	1.160	0.270	58.800	0.011
B5.3 运输路径	4.177	0.728	0.174	35.300	0.030
C5.3.1 路程最短	3.882	0.935	0.241	29.400	0.010
C5.3.2 时间最短	4.412	1.064	0.241	64.700	0.011
C5.3.3 安全性最高	4.412	1.004	0.227	58.800	0.011
B5.4 运输效能	4.235	0.831	0.196	47.100	0.030
C5.4.1 运输人员	4.235	0.752	0.178	41.200	0.015
C5.4.2 运输工具	4.529	0.624	0.138	58.800	0.016
A6 应急食品分发	4.353	0.786	0.181	52.900	0.120

续表

指标	均值	标准差	变异系数	满分频率	权重
B6.1 目标群体	4.471	1.007	0.225	64.700	0.040
C6.1.1 灾区民众	4.647	0.996	0.214	82.400	0.021
C6.1.2 救援人员	4.353	0.996	0.229	52.900	0.020
B6.2 分发主体	4.235	0.752	0.178	41.200	0.040
C6.2.1 政府救援工作人员	4.412	1.004	0.227	58.800	0.019
C6.2.2 志愿者	4.177	1.074	0.257	52.900	0.018
B6.3 分发方式	4.177	0.636	0.152	29.400	0.040
C6.3.1 直接分发	4.235	0.970	0.229	41.200	0.021
C6.3.2 逐级分发	4.118	1.111	0.270	52.900	0.021
A7 制度保障体系	4.941	0.243	0.049	94.100	0.120
B7.1 EFS 应急预案	5.000	0.000	0.000	100.000	0.030
B7.2 EFS 机制保障	4.824	0.393	0.081	82.400	0.030
B7.3 EFS 体制保障	4.765	0.437	0.092	76.500	0.030
B7.4 EFS 法制保障	4.882	0.332	0.068	88.200	0.030
A8 信息指挥系统	4.588	0.507	0.111	58.800	0.120
B8.1 信息采集与处理	4.706	0.588	0.125	76.500	0.030
C8.1.1 灾情基础信息	4.824	0.393	0.081	82.400	0.017
C8.1.2 资源点分布信息	4.588	0.712	0.155	70.600	0.016
B8.2 信息实时监测与跟踪	4.765	0.437	0.092	76.500	0.030
C8.2.1 灾民需求信息	4.706	0.470	0.100	70.600	0.006
C8.2.2 储备更新信息	4.706	0.470	0.100	70.600	0.006
C8.2.3 筹措信息	4.588	0.618	0.135	64.700	0.005
C8.2.4 检测信息	4.471	0.717	0.160	58.800	0.005
C8.2.5 调运信息	4.765	0.437	0.092	76.500	0.006
C8.2.6 分发信息	4.588	0.618	0.135	64.700	0.005
B8.3 全链条可视化展示	4.118	0.928	0.225	41.200	0.030
C8.3.1 空间信息可视化	4.294	0.772	0.180	47.100	0.010
C8.3.2 模型计算可视化	4.000	0.791	0.198	29.400	0.009
C8.3.3 供应动态可视化	4.471	0.717	0.160	58.800	0.010
B8.4 辅助指挥决策	4.294	0.588	0.137	35.300	0.030
C8.4.1 供应策略	4.706	0.588	0.125	76.500	0.014
C8.4.2 供应方案	4.647	0.606	0.130	70.600	0.015

注：应急食品供应（Emergency Food Supply，EFS）；非政府组织（Non-Governmental Organizations，NGO）。

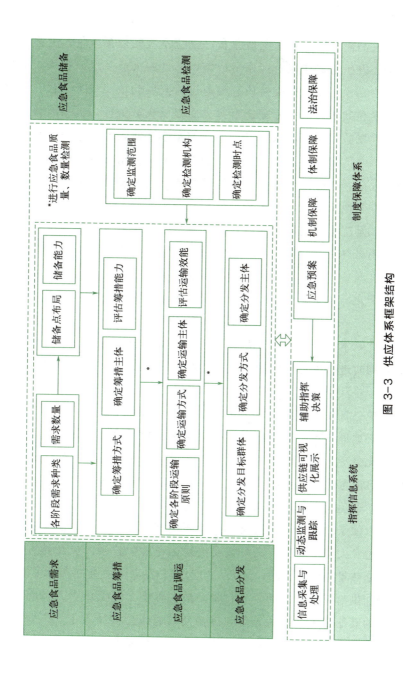

图3-3 供应体系框架结构

（一）应急食品需求

应急食品需求预测是建立应急食品供应系统的前提条件。强震等重特大自然灾害发生后，往往对国家造成难以估计的人员及经济损失，灾后合理的应急食品预测技术是支持应急响应迅速开展的重要技术手段，能够为应急决策者在判断灾情、分配物资等方面提供决策依据，且只有快速高效地向灾区拨发救援物资，保障受灾群众的基本生活，才能在一定程度上减少人员伤亡，更好地对灾区人民进行救助，避免灾情的加重及演变，减少因救援不及时导致的次生灾害。民以食为天，应急食品作为一类可维持人体基本生存且便于应急运输的应急物资，是灾后食品供应的首要选择，对于保障灾民基本生命健康、提高各类应急救援效率以及稳定社会秩序等方面发挥着不可忽视的作用。灾害发生后，受灾群众需要的应急食品种类有哪些、各类应急食品需求量是多少、需求种类及数量随受灾时间的增加呈现怎样的变化以及受灾当地的地理环境、风俗习惯对应急食品需求的影响等皆是在进行应急食品需求预测时需要考虑的因素。

基于此，本书将应急食品需求维度划分为需求种类、需求数量两类二级指标，同时进一步对可能影响应急食品需求种类及数量的相关因素进行归纳总结，将其定义为三级指标，纳入应急食品供应体系框架中。其中，影响灾后应急食品需求种类的因素包括：风俗习惯及宗教信仰、灾害发生季节、灾害地理位置、目标群年龄构成及灾害救援阶段。灾后应急食品供应时，应充分考虑受灾地区风俗及宗教习惯等，如有伊斯兰教饮食要求的场合或地区应考虑对其供应清真食品，有少数民族的地区应充分尊重当地风俗习惯，避免引发民族矛盾等；冬季进行应急食品供应时，可考虑补充适量白酒以便于救援人员或受灾群众保暖醒神，夏季应考虑供应藿香正气口服液以避免人员中暑等；高海拔受灾地区考虑为救援人员及受灾群众提供配餐或高热量类应急食品；老人、妇女及 5 岁以下受灾群众较多的地区，应适当增加供给应急食品的营养含量，最大程度上避免该类人群因营养不良而引发的其他伤害；灾后应急救援初期以通用型食品为主，中后期则需增加选择性食品和特定用途食品，从而在满足受灾群众基本生理需要的同时，兼顾人道主义救济原则。

灾后应急食品需求数量主要包括：供应目标群体总数、赈灾救助标准两项三级指标。本项目中应急食品供应的目标对象包括受灾群众及救援人员两类。虽根据现有相关调研可知，灾后应急救援队在执行应急救援任务时多自备可支持其 1 周的应急食品物资量，但考虑到强震或其他重特大自然灾害，赈灾救援标准应确保每人每天可获取 2100 千卡能量。

（二）应急食品储备

自然灾害发生后应急管理的本质就是对应急物资充分占有、科学配置和迅速响应的过程，所以做好应急物资储备工作是保障自然灾害后物资供应、提高灾后应急响应效率、减少人员伤亡和经济损失的重要物质基础，也是决定灾后应急响应成败的关键因素。应急物资储备是实施紧急救助、灾情快速控制、灾民转移安置的基础和保障，它直接关系到受灾群众的生命健康与安全。

据记载，我国自夏朝便开始了有关救灾物资的储备工作，主要为粮食储备。新中国成立后，我国救灾物资储备建设得到了进一步加强。1998 年张北地震后，民政部联合财政部出台了《关于建立中央级救灾物资储备制度的通知》，先后在天津、沈阳、哈尔滨、合肥等地设立了 10 个中央级救灾储备物资代储单位，并在 2009 年宣布中央救灾物资储备库由原来的 10 个增加至 24 个。截至目前，我国已基本建立了"中央-省-市-县"四级应急物资储备体系，并逐步向乡镇一级延伸。此外，《中华人民共和国突发事件应对法》中第 32 条明确规定"国家建立健全应急物资储备保障制度，完善重要应急物资的监管、生产、储备、调拨和紧急配送体系。设区的市级以上人民政府和突发事件易发、多发地区的县级人民政府应当建立应急救援物资、生活必需品和应急处置装备的储备制度"。《国家突发公共事件总体应急预案》也分别对人力、财力和物力等做了详细规定。

自然灾害发生后应急处置过程中所需物资的来源非常广泛，既包括来自于政府部门储备的应急物资，也涵盖由企业或非政府组织所储备的应急物资；既可能是中央物资储备库所储备的应急物资，也可能是由地方政府负责储备的应急物资；既可能是以实物方式进行储备的应急物资，也可能是以合同或生产能力等其他方式储备的应急物资。

在自然灾害等突发事件应对过程中，应急物资主要来源于中央及各级地方政府应急物资储备、应急采购、社会捐赠、直接征用以及应急生产等，其中供应最稳定、最安全、最重要的便是由政府进行储备的应急物资。考虑到政府在我国应急物资储备中担负着主要责任，加强政府部门应急物资储备、优化政府应急物资储备体系以及提高政府应急物资的保障能力，对于减少自然灾害等突发事件造成的人员伤亡和经济损失、保障区域及社会经济可持续发展具有重大意义。研究表明，在加强应急物资储备时要建立多层次的应急物资储备体系，这样才能使我们在应对突发事件时更灵活、更主动、更迅速、更全面。因此，站在国家安全战略的角度，应高度重视应急物资储备体系的建设。我国应急物资储备框架详见图3-4。

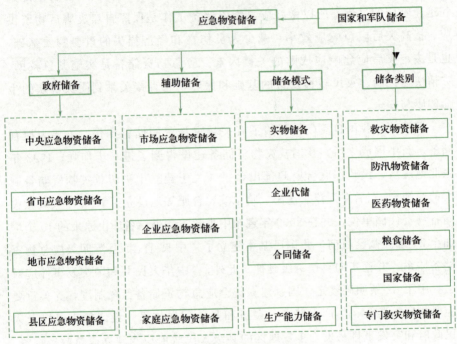

图3-4 我国应急物资储备框架

1. 我国应急物资储备体系

包括中央应急物资储备、省级应急物资储备、地市级应急物资储备、县级应急物资储备。

(1) **中央应急物资储备** 中央应急物资储备是国家应对重特大自然灾害的重要物资保障。中央级应急物资储备库的建设始于1998年张北地震之后，在天津、沈阳等地开始着手建立中央级应急物资储备库，并在应对我国重大自然灾害方面发挥了重要作用。2008年汶川地震之后，财政部和民政部又在原来的基础上，将中央应急物资储备库规划到24个，截至2023年底已经建成了17个，这将使中央应急物资储备库的布局更加合理，应急物资的数量和种类也显著增加，大大提高了应对自然灾害的救助能力。最初中央级储备库的物资只有帐篷，后来又根据实际需要逐步增加救灾物资储备种类，目前中央级储备库的应急物资储备种类主要有单/棉帐篷、棉大衣、棉被、睡袋、折叠床、简易厕所等。

中央级应急物资的购置、储备和管理由民政部负责，资金来源于中央财政，储备模式是由民政部根据实际救灾工作需要与财政部商议后，委托地方民政部门定点储备，被委托的省级民政厅为代储单位。代储单位主要负责应急物资的日常管理工作，民政部对代储单位的工作进行监督检查，并按照实际储备物资金额的3%作为代储单位的管理经费。

(2) 省级应急物资储备 省级应急物资储备是我国政府应急物资储备的主要组成部分。目前，我国已在31个省、自治区、直辖市和新疆生产建设兵团建立了省级应急物资储备库，省级应急物资储备库的建立显著提高了省级政府应对突发事件的能力。省级应急物资储备库按照管理权限可分为两种管理模式：省级直管和市县代管。其中省级直管是指省级民政厅直接管理应急物资储备库；市县代管是指由省民政厅根据本地区客观情况及救灾需要，委托市县级民政部门定点储备，市县级民政部门作为代储单位主要负责储备物资的日常管理工作，省级民政厅给予代储单位一定的管理经费。

为了加强救灾物资储备，一些省（区、市）也先后制定了救灾物资管理办法，如陕西省、山西省、宁夏回族自治区、云南省、重庆市、山东省等先后制定了救灾储备物资管理办法，对救灾物资、采购与存储、调拨管理、使用与回收等问题作了规定。但在救灾储备上，各省市的做法体现出一些差异。一是救灾物资储备的经费来源。云南省规定，省级救灾储备物资的种类、数量和经费由省民政厅与省财政厅商议后，报省政府批准确定；而陕西、宁夏等省（区）则没有具体规定。二是救灾物资的管理主体。一些省市是由民政部门作为管理主体，省民政厅负责省级救灾物资的业务指导和分配调拨；也有一些地方，如四川省、山西省成立了隶属于民政厅的救灾物资储备管理机构，负责省级救灾专用物资的加工购置、储备装运、经费管理、监督检查等日常工作。三是救灾物资储备的方式。部分省（区）只规定了实物的储备，没有提到生产能力的储备；也有省（区）采取实物储备和生产能力储备相结合的方式，如山西省、陕西省。

(3) 地市级应急物资储备 地市级应急物资储备是我国应急物资储备的重要组成部分，也是一般规模和较大规模突发事件应对的基础。目前我国已经有200多个地市建立了应急物资储备仓库，并储备了一定规模的应急物资。为了加强救灾物资储备，一些地市级政府也对救灾物资进行了一些规定。

(4) 县级应急物资储备 我国部分市县也建立了相应的应急物资储备。由于自然灾害具有显著的区域性，县级政府要根据当地的风险特征，储备地方需求明显的应急物资。县级应急物资储备作为政府应急物资储备体系的有机组成部分，不仅具有明显的针对性，而且增加了调度的灵活性，显著提高了突发事件应急物资的保障能力。

2. 粮食储备

近年来，粮食储备在重特大自然灾害处置中发挥着重大作用，如在2008年汶川地震发生5天内，四川省粮食局共发出粮油14200吨，有效保障了灾区人民的生活。目前我国已形成了国家、省、市、县四级粮食储备体系。粮食储备体系的投资主体是中央和地方政府，承储主体主要是中储粮管理总公司，储备形式基本上是以原粮为主。

(1) 中央粮食储备 中央储备粮是指由中央政府储备的一些粮食和食用油，由国家发改委、国家粮食行政管理部门负责总体指导和协调工作，国家粮食局负责行政管理，中储粮总公司作为被委托方具体负责中央储备粮的管理和经营，并对储存的数量、质量和安全负责，中央财政给予中储粮总公司一定的财政补贴。中储粮总公司的管理模式是以垂直管理代替分级管理，理清了中央和地方的利益关系，从体制上保证了中储粮管理的政令畅通。

(2) 地方粮食储备 地方储备粮是指由地方人民政府储备的一些粮食和食用油。根据相关地方储备粮管理办法，地方储备粮的管理由省（市）发改委、省粮食行政管理部门负责总体指导和协调工作，代储企业具体负责储备粮的管理和经营。地方财政部门给予代储企业一定的财政补贴，省财政部门对担有承储职责的市、县级储存单位给予适当补贴。

目前，我国的应急物资储备网络已初步形成。我国实行中央与地方分级负责的救灾工作管理体制，救灾储备物资以地方各级政府储备为主。储备制度相对较为完善的是民政部门的救灾物资储备和防汛物资储备。民政部管理的中央级救灾储备物资代储单位有天津、辽宁、黑龙江、安徽、河南、湖北、湖南、广西、四川、陕西等10省（区、市）民政厅（局）。中央级救灾物资定点储备在天津、沈阳、哈尔滨、合肥、郑州、武汉、长沙、成都、南宁、西安10个城市。已经有31个省、市、区建立了省级应急物资储备库；251个地市建立了地级储备库，占所有地市的75.3%；1079个县建立了县级储备库，占所有县市的37.7%。例如，宁夏回族自治区共有县级以上救灾物资储备库29个，其中自治区级储备库2个，市级储备库5个，县级储备库22个，仓储面积达7000多平方米。通过申请国家调拨、政府集中采购等渠道，储存帐篷6510顶、棉衣被（棉大衣、毛毯、绒衣裤等）11.9万床（件、套），还有发电机、充气垫床、行军床等救灾物资。自治区粮食局、交通厅及商务部门相互配合，相继储存200吨米面、1万人所需药品、5000吨生活用煤、16万袋（瓶）方便食品和饮用水等一系列救灾应急物资。在历次突发事件的处理过程中，各级应急物资储备单位发挥了应急响应组织性强的特点，为应急救援提供了重要的物力支持。

3. 我国应急物资储备存在的问题

① 缺乏统一的应急物资储备调度管理协调机构。我国应急物资储备的管理结构和体制需进一步完善。各类应急物资储备分散在不同部门，救灾物资主要由民政部门储备管理，医疗救援物资由卫生系统各级单位储备管理，救援工具及设备主要由武警消防等救援队伍配备。应急救灾物资储备在不同部门导致应急响应的协同作业能力不强。不同系统、不同灾种的应急物资之间存在管理独立、缺乏协调、重复建设等问题，降低了应急救灾资金投入的有效性和合理性。

② 应急物资储备不足。一是在数量上还需进一步增加，因为经常出现应急物资供应缺口；二是在种类配置方面还需完善，应急物资储备种类偏少导致无法满足救援需求；三是应急救灾工具的机械化程度偏低。

③ 在应急物资储备方式上，由于应急物资变化多样，单靠政府储备显然不够，要建立政府储备、社会储备、民间征用相结合、体系完善的储备机制。注重实物储备，对企业代储或生产能力储备这两种方式还没有足够的重视和利用。单纯的实物储备必然造成较大资金压力，导致储备数量有限，而将部分流通性强的物资以代储或生产能力储备的形式进行储备，能够缓解应急储备的资金压力，扩大储备规模。虽有部分地区进行了这方面的尝试，但在具体操作层面还缺乏规范性和有效的监管手段。

④ 应急物资储备点或代储点少、容量偏小，而且储备点分布不均衡。有的地区中央储备库数量不足，基层县市的应急储备选址配置数量不足，由于县市级的储备不足，以至于在灾难发生后的第一时间物资供应不上，缺少救援设备而导致失去了救援的最佳时间；有的地区中央、省级储备资

源相对过剩,在一定程度上造成了资源浪费。应采取梯次下调(省下调到市、市下调到县、县下调到乡)的办法。

⑤应急物资储备的仓储、装卸和搬运作业的自动化水平不高,效率低导致作业时间延长,无法满足应急状态下的要求。应急食品储备是有效应对突发事件,实现灾后快速应急响应的重要保障。维持应急食品储备,可确保灾区群众因突发事件导致食物短缺时获取应急食品的机会。然而,目前我国食品储备以原粮为主,直接可食用的成品粮或应急食品储备较少,且应急食品储备已被多国政府规定为干旱、灾难、战争和冲突期间不稳定时期的应急计划和风险管理战略的一种形式(如日本、印度尼西亚、菲律宾等),故为确保在强震等重特大自然灾害发生后,能够及时有效地向受灾地区进行应急食品供应,维护社会秩序稳定,国家应基于现有应急物资储备体系建立相应的应急食品储备系统。本节重点关注应急食品储备点的建设及其相关因素,如应急食品储备库布局、储备点级别、储备能力等,对于促进我国应急食品储备系统建设,提升我国应急食品储备能力将具有不可忽视的现实意义。

(三)应急食品筹措

应急状态下,若要确保在一定时间内筹措到所需数量的应急物资,必须建立起高效、规范、安全的应急物资筹措渠道。一般而言,应急物资的筹措方式包括以下几类。

1. 储备调用

在重大灾害应急物流系统中,一旦灾害发生,由于从救灾物供应点到受灾点的全程运输距离和运输时间相对较长,为了提高救援效率,需要当地第一时间对重大灾害事件做出紧急救援反应。为此,应急物资的战略储备变成了应急物资筹措的首选方式,为了应急需要,缩短物资供应时间的最佳途径是使用储备物资。

2. 直接征用

对一些物资生产流通企业,根据动员法规,在事先不履行物资筹措程序的情况下,对所生产和经销的物资进行征用,以满足应急需要。事后,根据所征用物资的品种、规格、数量和市场平价与供应商进行结算和补偿。

3. 市场采购

根据筹措计划，对储备、征用不足的物资实行政府集中采购。要坚持质优价廉原则，引入市场竞争机制，采取多种形式，尽可能直接向制造商进行采购，减少流通环节、降低采购流通成本、加快筹措速度。

4. 组织突击研制和生产

由于一些突发事件远远超过了我们已有的认知，在这种情况下，对一些急需物资有必要进行突击研制和生产。当然，平时宜建立一些应急科研与生产的相关机制，以确保在紧急状态下能够尽快转化为实际保障与支援能力。

5. 组织捐赠

在自然灾害等突发情况下，动员社会各界积极开展捐赠，是挖掘社会潜在资源的一种重要手段。"一方有难，八方支援"，捐赠和支援物资也是应急物资的重要来源之一。当今社会捐助的主要方式为资金捐赠，也有部分救灾物资。救灾物资大多数可直接运往灾区，进行救急，如衣物、粮食、抢险设备等；捐款则可广泛用于各种应急救灾物资的采购，灵活性强。

应急食品筹措是应急食品供应过程的基础环节。本项目以多渠道筹措为原则，重点将政府主导下的应急筹措方式——储备点调用、紧急购买和直接征用三种方式纳入供应体系。考虑到依据灾情状况启动的应急响应级别不同，负责应急食品筹措的执行者级别也会不同，实际应急筹措过程中，还需明确负责筹措的职责部门，以避免权责交叉，导致响应混乱。此外，筹措能力也是影响应急筹措效率的关键因素。

（四）应急食品监测

灾后应急食品供应是综合多学科、多部门、多环节的整体工作。事前预警、科技和装备储备，事中数据信息收集处理、分析研判、快速检测和处置、科学决策，事后恢复和反馈，各环节、各部门需要有机联动的结合在一起。因此，有效的应急食品监测是实现应急食品高质量供应的有效手段。

前期研究发现，多渠道的筹措方式可能导致应急食品的质量难以符合供应标准要求，或运输过程中的不可抗因素（如温度、湿度等）引发应急食品质变，从而导致可供食用的应急食品数量减少。因此，需要对所供应应急食品的质量和数量方面实施供应全链条监测，以确保应急供应的充分性与安全性。为确保所供应应急食品的安全性，需对其进行应急食品卫生检测。实际应急食品供应过程中，可依据应急状态及紧急程度选择合适的方法进行应急食品安全性检测。另外，应急食品供应过程中，为保障应急食品供应数量能够满足受灾群众基本需求，避免因变质等导致供应应急食品数量缺损，需在应急食品筹措完及运输完成后，对所供应的应急食品进行数量检查，保证应急食品抽样总批次数与抽样单总数吻合，使检测用样品数量和备份样品数量一致。同时，对样品的状态进行检查，查看封样状态、封条的破损拆毁现象，避免供应流转过程中的损坏。

（五）应急食品运输

震后应急救援过程中，如何缩短应急响应时间是应急指挥决策者重点关注的问题。应急食品运输作为震后应急供应过程中借助各类运输工具，实现应急食品"时空转移"的关键环节，一直是应急救援研究的热点问题。强震灾害等突发性事故灾害应急期间的交通运输，对于保障震后应急响应工作的有效进行至关重要。震后应急食品运输的基本任务主要包括：①为应急组织领导和指挥机构人员提供交通工具，参加应急响应任务的单位所需的车辆一般应该自行解决；②确保震后应急食品物资的及时运输和足量供应（如自热食品、瓶装饮用水等）；③保障受灾群众顺利撤离、避迁的输送；④保障所有应该供应到全体人员的生活必需品的足量供给与运输。

在震后应急响应阶段，所有交通运输力量的组织与实施，应该根据积极兼容的原则，按照就近响应、便于指挥和方便协同的要求进行。应当在地方震后应急委员会的领导下，成立交通运输领导小组，负责结合所有的支援力量，对震后交通运输实施统一的组织领导、协调管理。震后应急响应阶段，地方应急委员会统一调动、协调、分配各地区、各方面的交通运输力量（应该充分考虑就近调度车辆），合理化配置各类运输资源（如火车、货车、无人机等）。受灾区可使用应急运输车辆在确保满足自身调用的前提下，积极配合，保障应急物资等交通运输安排的顺利进行。震后进行应急食品运输响应，应当：

1. 充分了解任务，积极而准确地判断

震后应急响应时，承担交通运输任务的机构一定要主动了解任务，积极判断在运输过程中可能会出现的各种路况，从而保证顺利完成运输任务。

2. 根据任务，及时安排运力

由于震后应急运输任务时间紧、任务重。因此，必须要简化指挥程序。一定要及时下达运输任务，使执行运输任务的单位明确任务的性质、要求、运输量、运输距离、运输顺序、装卸单位及起始（终止）地点、道路状况和完成任务的时限。

3. 生活必需品（如应急食品）的运输

考虑到震后生活必需品（如应急食品等）的供应特点是运输量大，所投入的运输能力较大，任务相当紧迫。因此，必须做好统一运输指挥，严密组织协同，使装、运、卸紧密衔接，充分发挥运输潜力。同时，还应当注意安排好车辆的保养与维修，使车辆保持良好的行车状态，必要时组织驾驶人员轮班倒替，尽最大可能避免因疲劳驾驶等导致应急运输效率降低。

4. 做好交通运输保障

应视情况建立一支精干良好的车辆维修技术力量，用以确保所有运输车辆随坏随修、不留隐患。必要时，将这些检修人员组成技术抢险分队，随车同行，机动修车。应急运输车辆的装卸保障，对于组织工程抢险等物资的运输也是一个重要的环节。一定要做好周密而细致的安排，应该选择良好的装卸场地，建筑合理的装卸台（或站、码头），修建好进出道路，配有足够的装卸力量，当然尽量配备机械化装卸工具，用以提高运输效率。此外，应急响应的交通运输很容易发生交通堵塞等混乱情况，甚至很可能会出现意外的情况。因此，要求交警部门（必要时请求公安部门协助）按照地方和事故应急委员会的统一安排，实施统一的交通指挥，规定好行车秩序、路线，严格执行交通规定，特别是在交叉路口、渡口、桥梁、隘路、隘口应该设置交通岗亭，维持交通秩序，确保行车安全。

本项目所构建的应急食品供应体系框架主要基于运输过程中的运输主体、运输路径、运输效能与运输原则等因素，采用 GIS 技术获取运输路况、进度、灾情等实时信息，以协助震后应急指挥决策人员研判最优运输路径，实现应急食品供应方案的优化。

（六）应急食品分发

应急物资分发是应急管理的组成部分，应急食品分发作为应急食品供应过程的最后一步，对震后应急响应和恢复重建至关重要，同时也对救援响应及灾后恢复过渡等工作成败具有至关重要意义。它是一个有机体系，实施开展需要综合考虑与之相关的各种因素，以系统化的思维制定工作内容及开展程序，确保救援物资和保障的分发到位，最终实现维持灾区正常基本生活秩序的目标。

应急食品运送至灾区后，需制定有效的应急食品分发策略，以避免由于人员哄抢而对灾民造成二次伤害。本维度主要对应急食品分发目标群、主体与分发方式进行论证，并基于公平、灵活性原则，采取不同的分发方式将应急食品分发给多目标群体，实现震后应急食品的有序、高效。

（七）应急保障体系

科学有序的应急保障体系是我国应对突发事件不可或缺的措施之一，同时也是国家安全重要的组成部分。习近平总书记在中央全面深化改革委员会第十二次会议上强调，要健全统一的应急物资保障体系，把应急物资保障作为国家应急管理体系建设的重要内容。应急保障体系建设反映了一个国家综合国力的发展水平，关系到国家的和平与社会的稳定，与人民的利益密不可分；同时，也为应急管理的有效实施及现场救援工作的密切配合提供了物质基础与技术支持。

应急管理体系涉及看似错综复杂相互交织的多个方面，但其核心要素主要包括应急预案和应急管理体制、机制、法制四个要素，合称"一案三制"。"一案"指应急预案，"三制"分别指应急管理体制、机制和法制。

应急预案即预先制定的紧急行动方案，指根据国家和地方的法律、法规和各项规章制度，综合本部门、本单位的历史经验、实践积累和当地特殊的地域、政治、民族、民俗等实际情况，针对各种突发事件而事先制定的一套能切实、迅速、有效、有序解决突发事件的行动计划或方案，从而使政府应急管理工作更为程序化、制度化，做到有法可依、有据可查。应急机制则可界定为：突发事件预防与应急准备、监测与预警、应急处置与救援以及善后回复与重建等全过程中各种制度化、程序化的应急管理方法与措施。应急管理体制（或称应急体制）也可称为行政应急管理体制，是行政管理体制的重要组成部分，通常是指应急管理机构的组织形式，也就是综合性应急管理机构、各专项应急管理机构以及各地区、各部门的应急管理机构各自的法律地位、相互间的权力分配关系及其组织形式等。法制一般分为广义与狭义两种。广义的法制是静态和动态的有机统一。从静态来看，法制是指法律和制度的总称，包括法律规范、法律组织、法律设施等。从动态来看，法制是指各种法律活动的总称、包括法的制定、实施、监督等。狭义的法制是指建立在民主制度基础上的法律制度和普遍守法严格依法办事的原则。

本项目参考我国"一案三制"特色应急管理体系，提出了包含"应急食品供应预案""应急食品供应保障机制""应急食品供应保障体制"及"应急食品供应保障法制"的应急食品供应管理体系，以保障震后应急食品供应有法可依、有据可依。

（八）指挥信息系统

基于信息管理角度，若想从不确定的环境下得到确定性的概念，必须开展并高度重视信息的高效传递。一方面是因为信息是决策的基础，决策信息主要包括由上对下的纵向信息报送和平级横向的信息共享。若没有及时、准确、宏观、全面的信息作为决策基础，应急管理的指挥决策工作就无法实时宏观把握地震的动态变化，不能针对变化而做出实时动态的应急决策。另一方面，随着民主程度的日益提高，公众对社会问题的知情监督意识不断增强，政府更加需要及时、准确、全面公开公众普遍关心、涉及群众切身利益的政府信息，提供有关地震发生、演进与应急处置情况等的相关信息。上述两方面也深刻地体现了灾后应急响应过程中构建相应的指挥信息系统的重要性。同时，联合国开发署（UNDP）在指导发展中国家进行防灾减灾建设过程中明确提出，数据及信息的缺乏是国家制定相关减灾战略及实施震后应急响应的最大障碍之一。通过技术手段实现灾情信息的快速掌握，是提高震后应急响应能力的有效手段。

加强震后应急信息的管理，不仅有助于提高各不同渠道产出信息之间的联动性，同时还可提高应急信息产出的准确性。及时全面的传递信息，有助于解决不同渠道信息产出混乱问题，进一步解决受灾群众情绪不稳定、媒体报道失真等社会问题，辅助决策者和专家组做出高效快速的决策，才能为应急对策的科学性、可行性、合理性提供可靠支撑，为政府科学决策、统筹安排救灾行动提供重要的参考依据。震后应急食品供应过程中，指挥信息系统能够通过收集、处理、分析与跟踪供应过程的相关信息，协助应急决策人员了解实时状况，及时、动态调整应急响应策略，实现辅助应急食品供应方案优化的目的。

本章小结

本章主要进行了应急食品供应体系框架论证,研究内容包括如下。

一、构建了面向震后应急指挥决策人员的应急食品供应体系,在宏观层面实现了应急食品供应过程参与组织/关键环节的全覆盖。

二、基于两轮改良Delphi专家咨询,最终确立震后应急食品供应体系由8个一级指标(应急食品需求、应急食品储备、应急食品筹措、应急食品检测、应急食品调运、应急食品分发、制度保障体系和指挥信息系统)、25个二级指标和56个三级指标构成。

三、所构建的应急食品供应体系指标设置科学规范,信、效度检验结果良好,为今后其他应急物资供应体系研究提供了强有力的方法学基础。

第四章

应急食品供应
优化调配模型研究

  本章通过描述应急食品供应调配不同方面的模型，包括应急食品供应储备库选址模型、应急食品供应需求预测模型、应急食品供应路径优化模型以及应急食品供应调配模型，展示了应急食品体系中模型和算法在应急食品供应系统中的功能与应用。

一、应急食品供应储备库选址模型

自 1909 年始,有学者进行选址理论的研究,例如:如何在平面上确定一个仓库位置,使仓库与顾客间的总距离最小(也称为韦伯问题)。此后,有学者提出了经典的绝对中心点模型与中值模型,该研究在选址问题上具有里程碑意义,为解决很多选址优化模型提供了基础。自此,越来越多的学者加入到选址模型理论的研究中。

(一)绝对中心点模型

1. 模型概述

绝对中心点模型,也叫 P-中心模型。作为最经典的选址问题的模型,绝对中心点模型给后面的选址研究打下了坚实的基础。绝对中心点模型属于离散位置模型,模型核心是从 n 个备选的设备中选取 p 个设备,对于每个应急点,将派出 p 个设备中离应急点最近的设备进行响应,使得任意一应急点到距离该应急点最近设备的最大距离最小,在应急设施的选址上应用较广泛,如警局、消防局、医院等公共服务的选址,以求应急响应时间最少。有许多学者从各个方面对这类选址模型进行研究:有的学者结合图论知识对模型进行求解;还有的学者通过考虑模糊需求,实现应急设施选址的完全覆盖;发展到后期,学者们更倾向于用启发式算法解决这类选址问题,例如,学者们会尝试采用二分法的思想解决模型问题;或者结合层次分析法,采用贪心算法对绝对中心点问题进行求解;还有的采用精确算法求解绝对中心点问题。另外,启发式算法求解选址问题的优点在于它能够提高求解准确率和效率,遗憾的是启发式算法容易陷入局部最优的怪圈;精确算法在应用上可以得到最优解,但是针对大规模、复杂程度比较高的就没办法保证准确率,同时求解时间也会大幅度拉长。

2. 模型构建

(1)问题描述 存在 n 个备选物流中心位置,m 个需求点,运输成本与距离和货物量成正比,要求从 n 个备选物流中心选取 p 个位置,需求点只能由一个物流中心服务,使得各个需求点到物流中心的成本之和最低,并设置需求点到物流中心的距离之和最短的优化目标。

(2)符号说明 备选物流中心数量为 n;第 i 个物流中心的能力为 c_i;

待决策物流中心数量为 p；需求点个数为 m；第 i 个需求点的需求量为 q_i；第 i 个需求点到第 j 个物流中心的距离为 d_{ij}。

(3) 决策变量

$$x_{ij}=\begin{cases}1, & \text{表示第 } i \text{ 个需求点由第 } j \text{ 个物流中心服务} \\ 0, & \text{其他}\end{cases}$$

$$y_j=\begin{cases}1, & \text{表示第 } j \text{ 个物流中心启用} \\ 0, & \text{其他}\end{cases}$$

(4) 模型建立

$$\min Z=\sum_{i=1}^{m}\sum_{j=1}^{n}d_{ij}x_{ij}$$

(5) 模型约束

每个需求点仅由一个物流中心服务：

$$\sum_{j=1}^{n}x_{ij}=1(i=1,2,\cdots,m)$$

选出 p 个物流中心：

$$\sum_{j=1}^{n}y_j=p$$

物流中心服务能力约束：

$$\sum_{i=1}^{m}q_i x_{ij}\leqslant c_j(j=1,2,\cdots,n)$$

保证没有设施的地点不会有需求点对应：

$$x_{ij}<y_j(i=1,2,\cdots,m;j=1,2,\cdots,n)$$

$$(\text{或}\sum_{i=1}^{m}\sum_{j=1}^{n}x_{ij}y_j=m)$$

3. 模型算法

(1) 回溯算法 回溯算法是一个既带有系统性又带有跳跃性的搜索算法。按照优先条件从根节点进行搜索解空间树，当算法搜索至解空间树的任意一个节点的时候，需要去判断该节点为根的子树是否包含问题的解，如果肯定不包含，则跳过这个子树的搜索并向其"祖先节点"进行回溯，否则就按照优先条件的策略继续进入该子树。回溯算法是为了避免生成那些不可能产生最优解的状态，需要不断利用限界函数来排除一些不可能产生最优解的节点。

回溯算法的基本步骤。第一步：定义问题的解空间。这个空间里必须包含问题的最优解。一般来说，解的空间是非常大的，所以搜索一个目标解需要很多时间，为了使算法更有效率，必须要缩小搜索空间，同时也避免循环搜索。第二步：利用图或者树的结构组织好解的空间使搜索更加容易。第三步：以深度优先的方式搜索解的空间，并且利用剪枝函数来避免遍历一些不可能获得最优解的节点。

（2）禁忌搜索算法 禁忌搜索算法的核心思想是不重复已搜索过的解，以提高搜索效率。本算法在求解时主要设置两个禁忌表：全局禁忌表和局部禁忌表，在邻域搜索时采用随机成对交换两城市位置获取新的路径。其中全局禁忌表存储迭代过程中最近 n 代的结果（n 为禁忌长度），局部禁忌表存储每一代领域搜索时遍历到的新路径，以实现全局禁忌（全局不重复搜索）和局部禁忌（邻域遍历不重复搜索）。

禁忌搜索算法的步骤：采用 01 编码和自然数编码组合的方式设计染色体，例如，有 5 个备选物流中心和 17 个需求点，从中选 3 个物流中心，编码设计为：[0, 1, 1, 0, 1, 1, 2, 1, 3, 3, 3, 3, 1, 2, 1, 2, 2, 1, 3, 1, 2, 3]，其中前五位 [0, 1, 1, 0, 1] 表示编号为 0~4 的备选物流中心是否被选，这里选出的第 1、2、3 个物流中心依次对应需要 1、2、4 号的备选物流中心，而后面 17 位 [1, 2, 1, 3, 3, 3, 3, 1, 2, 1, 2, 2, 1, 3, 1, 2, 3] 对应需求点 1~17，1、2、3 表示由第 1、2、3 个物流中心服务，即对应备选物流中心序号的 1、2、4。在此基础上，如果物流中心到需求点的距离大于物流中心服务半径，该需求点被舍弃。

（二）中值模型

1. 模型概述

中值模型也叫 P-中值模型，核心是找两个集合：一个是给定数量和位置的需求点，一个是设施点的集合，分别为 p 个设施找到合适的位置并指派每个需求点到一个特定的设施，使之实现设施和需求点之间的运输费用最低（距离也可用交通、运输时间表示）。中值问题在物流领域应用得非常广泛。

2. 模型构建

（1）问题描述 存在 n 个备选物流中心位置，m 个需求点，运输成本与距离和货物量成正比，要求从 n 个备选物流中心选取 p 个位置，需求点只能由一个物流中心服务，使得各个需求点到物流中心的成本之和最低，并设置需求点到物流中心的距离与需求量的乘积之和最短的优化目标。

(2) 符号说明　其中容量约束的中值问题定义为：对一给定

$$G = \{RV, EA\}, RV = \{1, 2, \cdots, n\}$$

是所有需求点集合，EA 是所有需求点之间边长集合，每一条边长表示两需求点之间的距离或权重，对 RV 中的每一个需求点 $i(i=1,2,\cdots,n)$，其需求容量为 q_i，从 RV 中选取 p 个点作为中值点集合

$$M\{j \mid m(j) = i, i \in RV\}$$

$m(j)$ 为一映射函数，关系式 $m(j) = i$ 表示将中值点 j 映射为需求点 i；对每一中值点 j，其为所分配需求点提供的最大容量为 Q_j。以上定义说明，容量约束 P-中值问题可描述为：从需求点集合 RV 中选取 p 个点作为中值点集合 M，并将每一需求点 $i(i=1,2,\cdots,n)$ 分配至一个中值点 $j(j=1,2,\cdots,p)$。在满足每一中值点容量约束条件下，使得所有需求点到中值点的距离和最小。

(3) 决策变量　x_{ij} 是二进制变量，其取值为 1 或 0。当 $x_{ij} = 1$ 表示需求点 i 和中位点 j 相连，$x_{ij} = 0$ 表示需求点 i 和中位点 j 不存在连接关系：

$$x_{ij} \in \{0, 1\}, i \in RV, j \in M$$

式中，d_{ij} 为点 i 到点 j 的距离，x_{ij} 为布尔型变量。

(4) 模型建立　目标函数：该函数为最小值优化问题

$$f(x) = \min \sum_{i \in RV} \sum_{j \in M} d_{ij} x_{ij}$$

(5) 模型约束　候选中心点容量约束关系表示如下：

$$\sum_{i \in RV} q_i x_{ij} \leqslant Q_j, \forall j \in M$$

每一需求点必须且只能分配给某一中值点，表示如下：

$$\sum_{j \in M} x_{ij} = 1, \forall i \in RV$$

任意需求点不能和其他需求点建立连接：

$$x_{ik} = 0, \forall i \in RV, k \in RV - M$$

中值点的数量为 p：

$$\sum_{j \in M} x_{jj} = p, \forall j \in M$$

3. 模型算法

(1) 贪婪取走式算法　贪婪取走式算法是一种求解问题并不执着追求最优解，而是求其满意解的算法。贪婪取走式算法的特点是以当前情况作

为基础并根据现在的某个优化测度，一步一步将算法进行下去，最终做一个最优选择。在算法中首先要明确问题的执行目标以及制定一个可行的贪婪准则。贪婪式取走算法并不考虑各种可能的整体情况。这样的好处就是能够省掉为了寻找最优解所花费的去遍历所有可能的大量时间。贪婪式取走算法以迭代的方式做出一次次的贪婪选择。每次做贪婪选择的时候，就会把所求问题简化成规模更小的子问题。由此继续发展下去，每经过一步的贪婪选择就可以得到问题的一个最优解。每一步中虽然能保证得到局部最优解的情况，但由此产生的全局解有时并不是最优的，所以贪婪取走式算法不需要回溯。贪婪取走式算法步骤简单、计算量小、求解时间短、求解效率高，对于定性分析和定量研究起到帮助。

贪婪取走式算法步骤。第一步初始化，令当前选中的设施点 $p=M$，这就意味着需要将所有的备选设施点全部选中。第二步将每个需求点指派给运输成本最小的一个候选设施点。第三步取走一个设施点；如果将一个设施点取走并且将其设施点对应的需求点重新分配后，使得整体的使用费用增加最小，则最后选择把此设施点取走。第四步从备选点中删去取走的设施点，令 $p=p-1$，然后转至上一步：取走一个设施点。第五步重复步骤：取走一个设施点＋从备选点中删去取走的设施点，直到 $p=i$（其中 i 为所需选择的配送中心的数量）。

(2) 粒子群优化算法 粒子群优化算法将定义的目标函数作为粒子适应度函数对粒子的适应性进行评价[1]。考虑优化目标函数是最小化问题，因此，具有最小目标函数值（适应值）的粒子适应性更高。对于由算法求解容量约束 P-中值问题得到的解，按约束满足情况可以分为两类：一类是满足约束的可行解，另一类是存在约束冲突的不可行解。对不可行解的处理有以下两种方法：一种方法是把这些解直接舍弃；另一种方法是对不可行解在其目标函数中施加一项与约束冲突有关的惩罚项构成符合目标函数。许多文献表明，当不可行解具备某些特征时，通过对其执行一系列算子操作和变化，有可能发现隐藏在不可行解周围的更好可行解。

标准粒子群优化算法的寻优过程[2] 如下：第一步，设置种群规模 m，学习因子 c_1、c_2，最大迭代次数 T；第二步，进行随机初始化，得到粒子的初始位置和速度；第三步，计算粒子的适应度值，得到每个粒子的个体最优 p_{best} 和整个种群的种群最优 g_{best}；第四步，进行粒子速度及位置的更新；第五步，更新粒子的个体最优及种群的全局最优值；第六步，是否满足终止条件，是则停止，否则转第四步。

(3) 禁忌搜索算法 禁忌搜索算法的核心思想是不重复已搜索过的解，以提高搜索效率，该算法前文已进行过详细介绍。

（三）最大覆盖模型

1. 模型概述

最大覆盖模型是由集合覆盖模型发展来的。基于算法的改进，近年来，有许多学者进行研究并且提出了自己的见解。有人提出基于层次网格方法的离散化优化方法，通过考虑部分覆盖，减少连续问题离散化求解过程的误差，以此来对最大覆盖模型进行改进；或以运输成本和最大覆盖为目标，运用 GIS 方法建立最大覆盖模型；通过基于容量有限情况下改进后的最大覆盖模型以及对消防站进行层次分级，来提高覆盖区域的面积；或以建设成本、二次覆盖居民数量和应急救援距离为目标，建立多目标双层覆盖模型；或基于历史时间数据，通过机器学习算法识别灾害即将发生的区域，做到预测先行，构建最小阻抗和最大覆盖选址模型。

2. 模型构建

（1）问题描述 存在 n 个备选物流中心位置，m 个需求点，要求从 n 个备选物流中心中选取 p 个位置，使得覆盖的需求点数最多，且在最大覆盖的基础上追求需求点到物流中心的距离之和最短。应急设施的最大覆盖范围即服务半径需要预先给定。

（2）符号说明 备选物流中心数量为 n；第 i 个物流中心的能力为 c_i；物流中心服务半径为 r；待决策物流中心数量为 p；需求点个数为 m；第 i 个需求点的需求量为 q_i；$i(x_i, y_i)$ 到 $j(x_j, y_j)$ 的距离为 d_{ij}。

（3）决策变量

$$x_{ij} = \begin{cases} 1, & \text{表示第 } i \text{ 个需求点由第 } j \text{ 个物流中心服务} \\ 0, & \text{其他} \end{cases}$$

$$y_j = \begin{cases} 1, & \text{表示第 } j \text{ 个物流中心启用} \\ 0, & \text{其他} \end{cases}$$

（4）模型建立

$$\max Z = \sum_{i=1}^{m}\sum_{j=1}^{n} x_{ij}$$

$$\min Z = \sum_{i=1}^{m}\sum_{j=1}^{n} d_{ij} x_{ij}$$

(5) 模型约束　每个需求点仅由一个物流中心服务或者不服务：

$$\sum_{j=1}^{n} x_{ij} \in \{0,1\}(i=1,2,\cdots,m)$$

选出 p 个物流中心：

$$\sum_{j=1}^{n} y_j = p$$

物流中心服务能力约束：

$$\sum_{i=1}^{m} q_i x_{ij} \leqslant c_j (j=1,2,\cdots,n)$$

保证没有设施的地点不会有需求点对应：

$$x_{ij} \leqslant y_j (i=1,2,\cdots,m;\ j=1,2,\cdots,n)$$

$$(\text{或} \sum_{i=1}^{m} \sum_{j=1}^{n} x_{ij} y_j = m)$$

服务半径约束：

$$d_{ij} x_{ij} \leqslant r (i=1,2,\cdots,m;\ j=1,2,\cdots,n)$$

3. 模型算法——禁忌搜索算法

禁忌搜索算法的核心思想是不重复已搜索过的解，以提高搜索效率。前文已进行过详细说明。

（四）多目标选址模型

1. 模型概述

多目标选址模型以突发事件的应急管理为背景，通过指定需求点距离、服务能力、数量等模型参数，结合区域集合的模型变量构建目标函数以及对应的约束条件，从而得到实现多目标的优化选址模型。应急设施选址问题的模型主要有 3 种：覆盖模型、绝对中心点模型、中值模型[3]。

2. 模型构建

(1) 问题描述　应急救援服务点之间可以进行资源调运，考虑"时间最短"和"成本最小化"，最大化满足应急需求点的物资需求，从而构建综合可靠性高的应急系统。应急多目标选址模型需要考虑的问题如下[4]：考虑应急救援最迅速，且最大化应急需求点被满足的需求量；考虑权重越大的应急需求点有越多的应急服务设施为其服务，引入应急需求点危险权重系数；从成本角度考虑，在模型中加入设置应急服务设施总数的约束条件；

考虑应急救援服务点之间的资源调运,且调整各应急服务点的资源量时,考虑改变资源配置所产生的成本;保证任何一个需求点至少有一个应急服务点服务;设置应急服务点到所覆盖的应急需求点反应时间的约束条件;考虑应急服务点所配置的资源总量能够满足应急需求点所需求的资源总量;考虑应急系统的综合可靠性(即最大限度地实现满意度和公平性)。

其次,关于多目标选址模型的基本假设如下[3-5]:应急物流中心以点状分布,并已知从应急物流中心到救灾需求点的实际距离;已知中心选址点的建造费用、运营维护费用;运输时间与运输成本成正比;应急物流中心可为各个需求点提供充足物资;设立应急服务设施的固定成本较大,一旦应急服务设施地址选定,则在较长的一段时间内不变;各个应急服务设施之间可进行资源调运;各个应急需求点的危险程度不同,即危险权重不同;所有需求点的需求量都能得到满足;使建立需求点的加权总时间最小,使建立需求点的加权最大时间 T 最小,使人口越多的需求点提供更多的应急救援服务。

(2) 符号说明 需求点 i 被应急物流中心覆盖的合计总数($i=1,2,\cdots,I$)为 a_i,需求点 i 的权重为 W_i,需求点 i 需要的最少服务点数为 q_i,候选地 j 到需求点 i 的行车时间为 t_{ij},候选地到需求点最长时间为 T,以及所需要建立的应急物流中心数目为 m。

(3) 决策变量 候选地址集合 $j(j=1,2,\cdots,J)$,需求区域集合 $i(i=1,2,\cdots,I)$,定义 0-1 变量 Y_j 和 X_{ij} 如下:

$$Y_j = \begin{cases} 1, \text{若在候选区域} j, \text{建立应急物流中心} \\ 0, \text{其他} \end{cases}$$

$$X_{ij} = \begin{cases} 1, \text{若在需求区域} i, \text{分配给应急物流中心} j \\ 0, \text{其他} \end{cases}$$

(4) 模型建立 根据以上提出的问题可以构建出应急多目标选址问题的模型规划要求,使建立需求点的加权总时间为最小(利用中值模型):

$$\min Z_1 = \sum_{i=1}^{I}\sum_{j=1}^{J} W_i t_{ij} X_{ij}$$

使建立需求点的加权最大时间 T 为最小(利用中值模型):

$$\min Z_2 = T$$

使超额最大化,为了使人口越多的需求点提供更多的应急救援服务,使建立的应急救援中心数量不小于需求点 i 要求的最少服务数 q_i:

$$\min Z_3 = \sum_{i=1}^{I} W_i a_i$$

(5) 模型约束 确定了所要建立物流中心的数量：

$$\sum_{j=1}^{J} Y_j = m$$

使建立需求点的加权总时间为最小（利用 P-中值模型）/使建立需求点的加权最大时间 T 为最小（利用 P-中心模型）：

$$\sum_{i=1}^{I} \sum_{j=1}^{J} t_{ij} \leqslant q_i T$$

使超额最大化，为了使人口越多的需求点提供更多的应急救援服务，使建立的应急救援中心数量不小于需求点 i 要求的最少服务数 q_i：

$$\sum_{j=1}^{J} X_{ij} \geqslant q_i + a_i$$

限制了变量之间的内在约束关系：

$$Y_j - X_{ij} \geqslant 0$$

限制了变量类型：

$$(Y_j, X_{ij}) \in \{0, 1\}, \mu_i \geqslant 0 \text{ 且为整数}$$
$$\forall i \in I, j \in J$$

3. 模型算法

(1) 深度优先搜索法 深度优先搜索法（Depth First Search，DFS）是一种递归计算方法，是用于遍历或者搜索树或者图的算法。深度优先搜索法侧重于遍历所有节点，而不是寻找特定目标的路径[6]。首先按照优的条件沿着树的节点向下探索，以求达到目标，在经历探索之后发现所有的节点都被遍历或者寻找的节点不满足最优条件时，搜索便会回溯到之前发现最优条件的节点。DFS 常用于有效解决组合优化问题中的路径优化等图论问题。

深度优先搜索法步骤如下[7]：第一步，把初始状态节点 S_0 放入 OPEN 表（用于放置扩展当前节点后生成的子节点的前端）中；第二步，若 OPEN 表为空，则搜索失败，退出；第三步，取 OPEN 表中前面第一个节点放入 CLOSED 表中，令该节点为 x 并以顺序编号 n；第四步，若目标状态节点 $S_n = x$，则搜索成功，结束；第五步，若 x 不可扩展，则转至第二步；第六步，扩展 x，将其所有子节点配上指向 x 的返回指针依次放入 OPEN 表的首部，转至第二步。

(2) 模糊神经网络　评价模型则使用模糊神经网络法中的学习算法——反向传播（BP）算法，并结合数学软件 Matlab 来对具体案例进行求解。模糊神经网络是从神经网络和模糊系统的基础上发展来的。模糊神经网络将模糊系统和神经网络相结合，充分考虑了二者的互补性，集逻辑推理、语言计算、非线性动力学于一体，具有学习、联想、识别、自适应和模糊信息处理能力等功能。BP 算法是模糊神经网络的经典模型。

BP 神经网络算法的运行过程是通过调整权重降低结果值与期望值之间的误差，通过监督学习的下降调整权重。在正向传播中，上级单元只影响下级单元，如果最后输出层无法获得期望值，则转入反向传播阶段，将误差的信号进行上传，并修改原始权重，如此反复之后达到误差要求。

(3) 多目标粒子群优化算法　多目标优化问题是从多个已经规定范围的目标函数，通过实现某一目标求得的方案[8]。多目标优化问题在早期实现目标的核心思路就是把多目标问题分解为一个个单一目标问题，再进行逐一击破。这样的处理方式在现在看来有比较大的缺陷，在于当多目标问题出现高维度或者是非线性等复杂性问题的时候，这样的方法没有办法得到好的优化效果。最近随着算法将生物信息融入计算模式内，在优化领域获得了诸多研究成果，其中比较典型的算法就有粒子群优化算法。它是由自然界中鸟类的群体捕食行为受到了启发而产生的一种优化算法，不仅在各项试验中凸显了快速、准确等优点，也为实际应用提供了良好的效果。

多目标粒子群优化算法的步骤[9]为：第一步，初始化，在 D 维搜索空间中生成包含 N_s 个粒子的种群，初始化种群中每个粒子的速度、位置以及外部档案；第二步，计算种群中每个粒子的目标函数值，并根据支配关系将非劣解保存到外部档案中，初始化粒子的个体最优 p_{best} 和全局最优 g_{best}，p_{best} 为粒子的初始位置，g_{best} 为初始种群的最好位置；第三步，根据位置和速度更新公式对粒子的速度和位置进行更新；第四步，计算粒子的目标函数值，并与前一次迭代的 p_{best} 进行比较，重新调整 p_{best}；第五步，更新外部存储集，并确定当前的全局最优 g_{best}；第六步，判断是否满足终止条件，若满足，则输出外部档案中的所有最优解，否则，跳转至第三步。

（五）路径选址模型

1. 模型概述

路径选址是指在中转（配送）中心库存位置、顾客的需求量以及数量一致的情况下，在一定的区域内至少有两个顾客和潜在的配送中心。而路径选址模型需要面临两个问题：第一，根据具体的需求量，选择潜在的中转（配送）中心，确定其位置以及供货量；第二，找到顾客和中转（配送）之间的最短路径。

路径选址模型并不是单一的模型问题，而是由设施选址模型和车辆路径规划模型联合的复杂的模型问题。路径选址模型不仅受设施选址模型的影响，而且与车辆路径规划模型也息息相关。路径选址模型可分为单层的路径选址模型、双层的路径选址模型以及多层的路径选址模型。面向三层的路径规划，前人研究过基于多层物流结构和多层路径规划的算法，研究中提出的一些算法不具有广泛性；而其他研究则出现仅偏向设施选址模型，而不考虑车辆路径规划的问题。现在研究中广泛使用到的是双层的路径选址模型。

2. 模型构建

(1) 问题描述　路径选址模型的重要假设有以下：潜在的中转（配送）中心的数量足够；每一个中转（配送）中心的车辆数量供应足够；每条路径的总需求量不超过中转（配送）中心的车辆的最大载量；每位客户的需求由且仅由一个中心完成；货物能够准时到达需求地；在一定时间内货物的供应量与需求量没有极大的波动；货物流向是相互的、双向的。模型的目标是在满足所有顾客需求的情况下最小化总成本，包括运营成本和运输成本。

(2) 符号说明　本次服务的顾客共有 M 位，依次编号为 $1,2,\cdots,M$；潜在的配送中心 N 个，编号为 $M+1, M+2, \cdots, M+N$；可供调用的车辆 K 辆，编号为 $1,2,\cdots,K$；第 k 辆车的最大载重量为 Q_k；配送中心 i 的运营成本为 F_i；车辆 k 从顾客 i 到顾客 j 的运输成本为 C_{ijk}；顾客 i 的需求量为 q_i；顾客 i 到顾客 j 的距离为 d_{ij}。

(3) 决策变量

$$X_{ijk} = \begin{cases} 1, & \text{车 } k \text{ 从顾客 } i \text{ 行驶到顾客 } j, i,j \in M, k \in K, i \neq j \\ 0, & \text{其他} \end{cases}$$

$$Z_i = \begin{cases} 1, & \text{配送中心 } i \text{ 开放}, i \in N \\ 0, & \text{其他} \end{cases}$$

(4) 模型建立　路径选址模型目标函数：表示完成此次配送的总成本最低。第一部分是开放的配送中心的运营成本，第二部分是车辆的运营成本：
$$\min\left[\sum_{i=M+1}^{M+N} F_i Z_i + \sum_{k=1}^{K}\sum_{i=1}^{M}\sum_{j=1}^{M} C_{ijk} q_i d_{ij}\right]$$

(5) 模型约束　表示由同一辆车服务的顾客总需求量不超过本车的最大载重量：

$$\sum_{i=1}^{M} X_{ijk} q_i \leqslant Q_k, \ \forall j \in M \text{且} i \neq j$$

保证每个开放的配送中心都要有可调用的车辆：

$$\sum_{j=1}^{M} X_{ijk} - Z_i \geqslant 0, \ \forall k \in K$$

同一辆车只能由一个配送中心配送：

$$\sum_{i=N+1}^{M+N} X_{ijk} \leqslant 1, \ \forall k \in K$$

一位顾客只能由一辆车服务：

$$\sum_{k=1}^{M+N}\sum_{i=1}^{M} X_{ijk} = 1, \ \forall k \in K$$

表示每位顾客间路线的连通性：

$$\sum_{i=1}^{M+N} X_{ihk} - \sum_{j=1}^{M+N} X_{hjk} = 0, \ \forall k \in K$$

表示任何两个配送中心不会在同一条路线上：

$$\sum_{i=M+1}^{M+N}\sum_{n=1}^{N} X_{ink} + \sum_{n=1}^{N}\sum_{j=M+1}^{M+N} X_{njk} \leqslant 1, \ \forall k \in K$$

表示任何两个配送中心之间不会相连：

$$\sum_{k=1}^{K} X_{ijk} + Z_i + Z_j \leqslant 2, \ \forall i,j \in M$$

3. 模型算法

路径选址模型并不是单一的模型问题，而是由设施选址模型和车辆路径规划模型联合的复杂的模型问题[10]。而路径规划问题已经被证明是 NP（Nondeterministic Polynomial）难题。而 NP 是指非定型多项式算法。一般来说，若在多项式时间内不能解决该判定类问题，那么该问题为一个 NP 类问题。NP 难题就在于没法找到确定的解，至少没有对应的算法，最有效的方法是可以被找到近似最优解。因此，现有的研究中，学者更多的是采用启发式算法（图 4-1）。

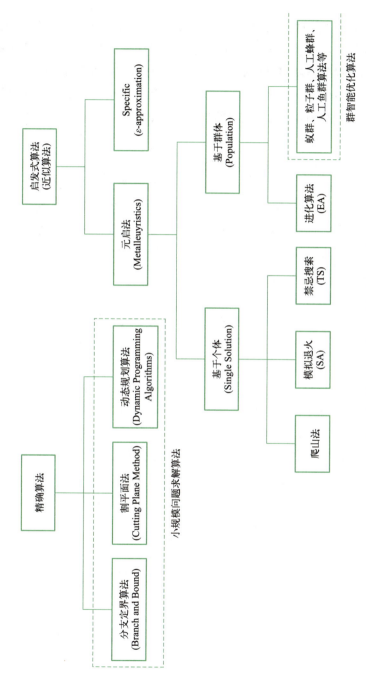

图 4-1 路径选址模型常用的算法类型

(1) 路径规划模型的精确算法 路径规划作为一个实际应用问题,复杂性较高,而路径规划模型的精确算法并不能给该问题找到一个最优解。但在早期普遍使用的精确算法主要为整数规划、动态规划、非线性规划、分支定界法等。精确算法的最大优点是可以得到全局最优解,但是计算量很大,有的时候复杂度提高之后,精确算法的效度就比较差了。

① 整数规划。规划中的变量(部分或全部)限制为整数时,称为整数规划。若在线性规划模型中,变量限制为整数,则称为整数线性规划。整数规划算法经常通过 Lingo 软件进行求解。早期整数规划会加入松弛变量来调节与实际要求之间的差距,但是收效甚微。

② 动态规划。动态规划在经济管理、生产调度、工程技术和最优控制等方面得到了广泛的应用。例如最短路线、库存管理、资源分配、设备更新、排序、装载等问题,用动态规划方法比用其他方法求解更为方便。动态规划主要用于和多阶段时间有关的动态过程的优化问题。

③ 非线性规划。前人的研究中,有人在求解连续的、易损的路径规划模型时使用过非线性规划算法。

④ 分支定界法。分支定界法把全部可行解空间反复分割为一个个越来越小的子集,并且给每一个集合的解集计算一个下限,这叫定界。分支定界法也曾经用于求解路径规划问题。

(2) 路径规划模型的启发式算法 顾名思义,路径规划模型的启发式算法在最优化问题里通过对生物群体活动(例如鸟类觅食)的模拟来进行求解。启发式算法的求解思路即对求解群体进行评估,若满足条件,则输出最优解;不满足条件,则继续寻找,直到最后根据最优的进化规则提出成长性个体,继续循环就结束了。值得注意的是,从实际解决问题的角度出发,启发式算法并不能得到全局最优解,而是最终得到一个满意解。并且由于实际问题中并不能严格地满足每一个约束条件,所以最优解的存在并不一定是适合生产生活的。

① 遗传算法。遗传算法是通过模拟达尔文生物进化论和遗传学开发的一种算法,在寻找最优解的过程中贡献了力量。遗传算法的优点在于能够在搜索过程中自动获取和积累搜索空间的相关知识,以求在搜索空间中更快地得到满意解。遗传算法首先通过编码,将十进制的变量转换成二进制(0,1);其次对求解群体用完全随机的方式进行初始化,在这个过程中应避免陷入局部最优的情况;然后根据适应度函数计算群体中各个个体的适应度的值,并通过进化计算选出代表新的解集的群体;最后将解进行解码,

转换成十进制进行使用。

②模拟退火算法。在前文中经常提到"陷入局部最优解"这样的用词，那么如何有效地避免局部最优的困扰呢？模拟退火算法就这样应运而生了。模拟退火算法也是启发式算法的一种。模拟退火算法跳出局部最优解的怪圈的方法是通过引入随机因素，在迭代更新的时候以一定的概率接受一个比当前还要差的解，因此在这种情况下就有可能跳出局部最优解。模拟退火算法首先通过随机生成初始解，计算目标函数；其次通过扰动产生新解，再次计算新解的目标函数；接着，计算新解的目标函数与之前解的目标函数的增量，并以之前解的目标函数为优化目标；然后，如果增量小于0（这里以寻找最小值为前提，若寻找的是最大值，则相反）则坚守新解作为新的当前解，否则以一定概率接受新解作为新的当前解；最后如果满足终止条件，此时就可以返回最优解，若不满足则继续迭代。模拟退火算法的优点在于它可以高效地求解 NP 完全问题，如 0-1 背包问题、图着色问题、最大截问题等，但该算法的缺点在于它的参数比较难控制，相较于其他算法来说，这种算法的最优值需要进行多次收敛才能得到。

③蚁群算法。相比于粒子群优化算法模拟鸟类觅食，蚁群算法就是一种模拟蚂蚁觅食行为的优化算法，在 1991 年由意大利学者 M. Dorigo 等人首先提出，并首次运用在解决旅行商问题上。蚁群算法基本原理是通过蚂蚁释放与路径长度有关的信息素（路径长度与信息素浓度成反比，路径越短，信息素浓度越高），最优路径的信息素浓度越来越高，以至于蚁群找到最优的觅食路径。蚁群算法中人工蚁群和真实蚁群都要完成寻找最短路径的任务，并且个体之间需要互相进行交流，根据当前信息随机选择路径。但是不同点在于，人工蚁群在选择路径的时候并不是盲目随便选取一条，它们还具有记忆能力。国内外对于离散域蚁群算法的改进研究成果很多，例如自适应蚁群算法、基于信息素扩散的蚁群算法等。自适应蚁群算法是对蚁群算法的状态转移概率、信息素挥发因子、信息量等因素采用自适应调节的策略。自适应蚁群算法中两个最经典的方法：蚁群系统（Ant Colony System，ACS）和最大-最小蚁群系统（Max-Min Ant System，MMAS）。

④其他启发式算法。启发式算法还有禁忌搜索算法、粒子群优化算法、贪婪自适应搜索算法、多智能体算法、约束规划算法、引导局部搜索算法、门槛接收法等。

（六）集合覆盖模型

1. 模型概述

集合覆盖模型在充分利用现有设施资源的情况下，实现设施点对需求点的有效覆盖。集合覆盖模型的中心思想在于如何利用最少的量去作为一个大集合，覆盖到最准确、最大的需求点，即模型需要保证存在到各个需求点的距离总和最小并且包含大部分需求点的集合。由于集合覆盖模型属于多项式复杂程度的非确定性问题，这样是无法通过多项式算法得到精确结果的，所以集合覆盖模型只能采用启发式算法来进行求解。启发式算法可以在可接受范围内给出组合优化问题的可行解。在现实生产过程中，集合覆盖问题常被应用在物流配送、道路定向、场所选址等问题上。需求点集合和候选设施点集合、应急设施的最大覆盖范围即服务半径需要预先给定。

在集合覆盖模型的研究中，有学者考虑到决策环境的不确定性以及应急点不同的需求，还包括考虑到设施提供应急救援过程中可能中断所导致的后果，将集合覆盖模型进行相应改进；还有学者为了提高应急点服务质量、降低路径时间，建立效用值最大的选址模型；将模拟事故情形与定量风险评价方法相结合，通过伤亡人数来衡量事故风险，最终建立应急物资需求点风险以及成本最小化模型，也是一种集合覆盖模型改进的好方法；通过以区域人口和需求点覆盖质量划分覆盖阈值，加之使用时间序列等情况，构建具有时间序列特征的集合覆盖模型；或以紧急情况下的预期覆盖范围最大为目标建立集合覆盖模型；还有学者研究了紧急情况易出现超负荷，致使应急点无法满足需求的情况，通过增加可控制覆盖区域之间的重叠来优化集合覆盖模型。

2. 模型构建

（1）问题描述　模型假设主要包括以下几点：要求应急场所内覆盖的需求点到其距离总和最小；要求应急场所需要覆盖尽可能多的人口；要求应急场所需要覆盖尽可能大的范围；保证每一需求点都被覆盖到；保证每个应急场所实际容纳的人口都不超过其人口容纳上限；保证每个需求点至应急场所的路径距离不超过该场所的最大服务范围；保证所有应急场所的覆盖面积与规划区总面积之比大于要求的规定比率。假设有一个元素集合 S，$S=\{e_1,e_2,\cdots,e_n\}$，其中 n 为正整数。需要从一个集合族 $\{S_j\}_{j\in J}$ 中选择最少数量的集合，以覆盖元素集合 S。集合族 $\{S_j\}_{j\in J}$ 是由 j 个集合组成。目标是选择尽可能少的集合，以覆盖所有的元素。

（2）符号说明 设基集 $S=\{e_1,e_2,\cdots,e_n\}$，$S_1,S_2,\cdots,S_m$ 是 S 的一族子集，若 $J\subseteq\{1,2,\cdots,m\}$，且 $\underset{j\in J}{\bigcup}S_j=S$ 为 S 的一个集合覆盖。问题常常涉及求一个基数最小的集合覆盖，其中基数定义为集合中元素的数目。事实上，$\{S_j\}_{j\in J}$ 为 S 的一个集合覆盖，是指 S 中的每一元素都至少包含于某一集合 $S_j(j\in J)$，换句话说，就是被 S_j "覆盖"住。

（3）决策变量 对每一子集 $S_j(j=1,2,\cdots,m)$，引入决策变量：

$$x_j=\begin{cases}1,\ j\in J\\0,\ 其他\end{cases}$$

（4）模型建立 集合覆盖问题的 0-1 规划模型。
目标函数：

$$\min\sum_{j=1}^{m}x_j$$

为方便之后的讨论，将上述规划模型中变量的整数性要求加以放松，得其松弛线性规划问题。
目标函数：

$$\min\sum_{j=1}^{m}x_j$$

再由线性规划的对偶理论可知，线性规划的对偶问题如下所示：
目标函数：

$$\max\sum_{i=1}^{n}y_i$$

（5）模型约束 0-1 规划模型的约束条件。
确保 S 中的每一元素 e_i 都至少被集合 $S_j(j\in J)$ 中的某一集合覆盖住：

$$\sum_{j:e_i\in S_j}x_j\geqslant 1,\ i=1,2,\cdots,n$$
$$x_j=0,\ j=1,2,\cdots,m$$

松弛线性规划问题的约束条件：

$$\sum_{j:e_i\in S_j}x_j\geqslant 1,\ i=1,2,\cdots,n$$
$$x_j\geqslant 0,\ j=1,2,\cdots,m$$

显然，由 0-1 规划模型和线性规划问题之间的松弛关系可知，$OPT_{LP}\leqslant OPT_{IP}$，其中 OPT_{LP}、OPT_{IP} 分别为 0-1 规划模型和线性规划问题的最优值。

线性规划的对偶问题的约束条件：

$$\sum_{i:e_i \in S_j} y_i \leqslant 1, \ j=1,2,\cdots,m$$

$$y_i \geqslant 0, \ i=1,2,\cdots,n$$

3. 模型算法

由于集合覆盖模型属于多项式复杂程度的非确定性问题，这样是无法通过多项式算法得到精确结果的，所以集合覆盖模型只能采用启发式算法来进行求解。常见的启发式算法在前文已有详细描述。

二、应急食品供应需求预测模型

应急食品供应是灾后应急保障体系的基础环节，各受灾区明确的应急食品需求分析是实现应急食品物资合理供应的重要前提，只有明确各受灾区所需应急食品种类、数量后才能有的放矢地进行应急食品物资的调配、供应工作，争取更多的应急响应时间。因此，本节主要基于应急食品数量与种类两个方面，探究应急食品供应需求，为后续应急食品供应体系、优化调配模型、辅助指挥决策奠定理论基础。

在进行应急食品供应的评估之前，对于灾害的风险评估、伤亡人员的正确预测也是对灾后应急保障体系指导工作的重要前提。下面以地震灾害为例，通过地震人员伤亡影响因素的分析及预测方法的探索，结合应急食品供应完善应急食品供应需求预测模型。

（一）地震人员伤亡影响因素

影响地震人员伤亡的因素错综复杂，不同领域的学者结合自身学术背景及专业视角对其划分的标准也会有所不同，但主要将其归纳为地震因素、房屋建筑类因素、自然及社会因素、受灾人员自身素养水平及其他因素这几类。其中，地震因素主要包括震级、烈度、震源深度、发震时间等；房屋建筑类因素包括抗震设防系数、建筑物损毁程度等；自然及社会因素主要包括地形地貌、气候状况、人口密度、预报水平等；素养水平主要包括救援人员素养水平、受灾群众自救互救能力等。

（二）地震人员伤亡预测方法

地震人员伤亡数量预测方法主要可分为：数理统计预测，构建结构模型预测（指数模型、线性回归等），借助软件算法预测（人工神经网络、支持向量机、基于 GIS 系统等）三类。

1. 数理统计预测地震人员伤亡

早期学者多基于数理知识，研究地震人员伤亡影响因素与伤亡数量之间的关系。尹之潜等基于概率学方法，探究房屋损坏率与死亡人数之间的关系得到了关于震后人员死亡数量的简便算法，并提出地震受伤人数为死亡人数 3~5 倍的结论。丁伯阳等综合考虑发震时间、在室率以及震害程度的影响，得出了地震人员伤亡的预测概率。Murakami 等研究房屋类型、在室率、建筑物倒塌率、人员被困率等对地震人员死亡率的影响，提出了房屋倒塌造成人员伤亡的经验预测公式。但该类方法需要考虑较多因素，运算过程较为复杂，尤其是概率数值本身就具有一定的不确定性，因此往往导致预测结果具有一定的偏差。

2. 构建结构模型预测地震人员伤亡

当数据的样本量足够大时，地震人员的伤亡数量随一个或多个变量具有一定的变化趋势，表现出一定的规律性。因此，研究人员联想到利用现有的数学模型或基于相关数据构建出一种较为理想的模型，从而达到预测人员伤亡数量的目的。目前研究人员最常使用的结构模型包括指数模型、回归模型（线性回归模型、β 回归模型、半参数 β 回归模型）等。Jin 等研究发现震后人员的伤亡数量表现出随时间先增长后逐渐平稳的趋势，在结合其增长趋势及联系实际意义的基础上构建了指数模型预测地震人员的伤亡数量。Urrutia 等对菲律宾 30 次破坏性地震进行研究，基于震级、震中烈度、震源深度等 5 个基本参数构建了地震伤亡线性回归模型。张洁等以房屋倒塌面积、房屋严重破坏面积、房屋一般破坏面积作为自变量，基于线性回归原理构建了人员伤亡的预测模型。S. Turkan 等收集了 1900—2012 年土耳其 5 级以上（包括 5 级）的破坏性地震，构建了线性回归模型、β 回归模型、半参数 β 回归模型（SBR）等多种回归模型预测地震人员伤亡。相较于其他模型，SBR 模型对于震后人员死亡率具有良好的拟合效果且精度较高。但随着研究的不断深入，学者们发现地震伤亡数量并非是一组严格的线性数据，而是具有一定的变化特征，单纯地通过建模方式进行伤亡预测，很难体现整个震灾过程中伤亡的时空变化趋势。

3. 借助软件算法预测地震人员伤亡

(1) 人工神经网络 基于之前的研究，了解到地震人员伤亡数量具有非线性、随时间动态变化、聚集性、受经济水平影响等多种特征，且在地震发生之时，人们往往无法及时有效地获得完整的数据进行建模预测。所以，基于数理统计与构造结构模型方法预测地震人员伤亡数量时，难免在精确度上表现出一定的局限性。人工神经网络（ANN）作为一种智能化工具，不仅在处理非线性问题以及残缺数据方面具有独特的优势，并且还具有自我学习、联想存储以及高速寻找最优化的能力，逐渐受到学者们的广泛关注。田鑫结合主成分分析与BP神经网络，以15组破坏性地震数据为基础，构建相关预测模型，通过对模型加以训练表现出了良好的预测精确性。Muhamtnet Gül等以发震时间、震级、人口密度作为输入层，受伤人数作为输出层，选用Levenberg-Marquardt算法，构建了人工网络模型，较为准确地预测出了人员伤亡数量。周德红等突破了BP神经网络局限性，研究出遗传算法优化的BP神经网络，在降低伤亡数量预测误差的同时提高了预测精确度。

(2) 支持向量机 通过整合上述文献，可以发现基于神经网络的地震人员伤亡预测可通过已有数据实现自我训练及学习，并表现出较强的预测能力，但同时也存在一定的不足与缺陷，如训练数据不易搜集、受自变量因素与数据量的影响较大、稳定性较差等。尤其是现实情况中，无法在灾害发生后的短时间内收集到足够的数据量以完成相应的样本训练，因此在该种条件的限制下，支持向量机（SVM）凭借其在处理小数据量样本非线性问题方面的独特优势，逐渐进入研究人员的视野。Huang等将改进过的SVM应用到地震人员伤亡数量预测模型的构建中，得出了预测精度较高的地震人员死亡及受伤率输出曲线。王晨晖等针对收集到的27组数据样本，构建出了PCA-GSM-SVM伤亡预测模型。任宁宁基于收集到的50组云南省地震灾害数据，构建了粗糙集（RS）与粒子群优化算法（PSO）-最小二乘支持向量回归机（LSSVR）地震伤亡预测模型，结果表明该模型能较好地拟合出震害伤亡数据的走势，且将其与RS-BP神经网络模型相比，该模型能够表现出更精确的拟合效果。但目前国内基于SVM地震伤亡人数预测方面的研究却较为有限，尤其是缺乏结构化的方法实现支持向量机中自变量参数的最优选取，以及对给定数据选择最合适的核函数。

（3）地理信息系统 地理信息系统在获取震区建筑物分布区域、损坏程度、人员分布相关信息，及实现相关数据的可视化展示等方面具有显著优势，因此，同样可将其应用于灾后人员伤亡预测。吴恒璟等提出了基于遥感图像的地震伤亡预测模型，结合灾难医学，构建了相关预测模型并进行了预测验证，结果均符合误差范围。Sadra 等借助于 GIS 平台，完成了伊朗一次真实地震的人员伤亡数量预测。许立红对利用 GIS 系统得到的遥感图像进行了分类，使提取精度提高到 97.25%，进一步优化了人员伤亡预测的结果。但基于 GIS 系统的地震人员伤亡数量预测多依托于精确的人员伤亡评估模型，使用条件严格，配备设施昂贵，故而受到一定的限制，普及度有限。

综合以上信息，现有地震人员伤亡数量预测方法虽种类较多，但均存在一定的应用局限性。根据震后短时间内数据收集量的大小，可进行以下划分：①当所收集的数据量较多时，可借助结构模型、人工神经网络方法对收集到的数据进行不同标准的分类（如按行政区属性、震级、死亡人数等进行分类），不断进行学习与训练以提高预测模型的精确度，并最终借助 GIS 系统实现相关内容的可视化呈现；②当所收集的数据量较少时，则可借助支持向量机（SVM）、参数较少的数理统计方法等进行相应人员伤亡数量预测。

（三）应急食品需求数量

应急食品需求是指在地震等突发事件发生后，为有效进行灾后应急食品供应所必需的、最低的应急食品供应数量，通常情况下用具体的数值表示，如：某受灾区需要自热食品 1000 份，瓶装水 10000 瓶等。强震等突发自然灾害发生后，应当首先计算出各类应急食品的需求数量，并以此为依据进行相应的应急筹措、调运等。目前，关于灾后应急食品需求量的计算一般包括直接预测和间接预测。

（四）应急食品需求预测

1. 应急食品需求直接预测

应急物资需求量的直接预测是一种借助历史数据、案例分析等，计算数据之间相似度，进而对受灾区应急物资需求量进行预测的方法，一般可分为两类：基于案例推理进行需求量的预测与基于灰色系统模型进行需求量的预测。其中，前者是在构建类似案例数据库的基础上，通过案例分析、案例重用、案例修改调整以及案例学习四个关键步骤完成对应物资的需求量预测；后者则主要是对不同系统间所涉及的因素进行关联分析，整合出对应发展过程的趋势差别程度，并通过新的数据生成、数据拟合等步骤，构造新的数学模型，从而完成应急物资需求量的预测。应急食品作为一类重要的应急物资，在进行灾后应急供应时，同样适用于上述应急物资需求量预测方法。

虽然现有研究对灾后应急物资直接预测方面已取得一定进展，但结合现有研究成果可知，需求量直接预测方法仍存在数据收集难、统计数据要求较高、模型预测效果稳定性较差等问题。尤其是针对灾后应急食品类物资方面，无论是政府机关还是相关研究部门，当前尚无足够的针对性数据以支持需求量预测，而且，只针对应急食品类物资的模型构建亦有待进一步研究。

2. 应急食品需求间接预测

应急食品需求量的间接预测是一种先实现灾区人员伤亡数量预测，在此基础上进行应急食品需求数量计算的预测方法。显然，灾区人员伤亡预测的精确与否直接影响着应急食品需求量预测的精确性。因此，本研究首先以地震人员伤亡数量为研究对象，总结并分析地震人员伤亡影响因素及相关预测方法，从而最终实现应急食品的需求量预测。

强震等突发自然灾害发生后，基于上述地震人员伤亡预测研究及民政部门人口统计数据，可较为准确地获取受灾人口总数，在此基础上进行各类应急食品需求量计算，既可有效提高灾后应急食品筹措、运输、分发等应急响应效率，同时能够最大化使用现有应急食品物资，避免资源浪费等现象的发生。以上文提出的地震为例，参考我国学者聂高众等人研究成果，给出了震后初期部分种类的应急食品需求量的计算公式。

应急粮食救济(kg)＝地区系数×(5.7×受伤人数＋1.6×灾区总人口)/地区系数×(5×受伤人数＋2×灾区总人口)；

应急熟食(kg)＝地区系数×0.5×灾区总人口；

方便面(包)＝地区系数×2×灾区总人口；

饼干(kg)＝地区系数×(2.45×受伤人数＋0.07×灾区总人口)；

肉罐头(听)＝地区系数×0.123×灾区总人口。

其中，不同地区对应的地区系数各不相同，如：上海市地区系数为

2.99，泉州市地区系数为2.39，甘孜藏族自治州地区系数则为0.6。

三、应急食品供应路径优化模型

物流配送中的车辆路径优化问题通常需要对物流配送车辆进行实时监控、导航并且对车辆进行事实优化调度。而车辆路径问题（Vehicle Routing Problem，VRP）研究的是如何在最短距离或者最小成本的情况下，安排送货任务并且行车轨迹合理。该成果在运输系统、物流配送系统等方面起到了很大的作用。车辆路径优化问题如何能高效、准确地进行调度关键就在是否能在"实时"上做好文章。这一过程对模型以及算法的准确度和精确度要求很高。近年来，有越来越多的学者对这一系列模型进行了研究。模型宏命令表示法、模型抽象表示法、模型层次表示法等研究成果在模型要素的推理能力方面取得了较大的进展。本章节介绍带容量约束的 VRP（Capacitated Vehicle Routing Problem，CVRP）、带距离约束的 VRP（Distance Constrained Vehicle Routing Problem，DCVRP）、带时间窗约束的 VRP（Vehicle Routing Problem with Time Windows，VRPTW）、带有回路的 VRP（Vehicle Routing Problem with Backhauls，VRPB）、收集和分发问题的 VRP（Vehicle Routing Problem with Pickup and Delivery，VRPPD）以及带有配送和回收需求的 VRP（Vehicle Routing Problem with Simultaneous Delivery and Pickup，VRPSDP）。

（一）带二维装箱约束的 VRP

1. 模型概述

带容量约束的车辆路径优化问题强调某些受外形特征、物体性质（易碎等特性）的影响，一些特定货物需要在运输过程中对于车辆的装载、运输进行约束。一般来说，带容量约束的车辆路径优化问题注重考虑的是车辆装载的重量问题。遗憾的是，传统的带容量约束的车辆路径问题不能考虑到特定物品堆叠摆放（二维装箱）的情况。为了更好地降低物流成本，带二维装箱约束的车辆路径问题（Two-Level Capacitated Vehicle Routing Problem，2L-CVRP）应运而生。带二维装箱约束的车辆路径问题由传统的带容量约束的车辆路径优化问题与二维装箱问题进行组合，对物流成本的降低、运输效率的提高有很重要的意义。带二维装箱约束的车辆路径问题在求解方式上从精确算法到启发式算法进行了尝试。

2. 模型构建

（1）**问题描述** 2L-CVRP要求货物按指定方向摆放，不可旋转[11]。值得一提的是，车辆运输过程中为了利于装卸，有时会尽量将先配送的货物装载在车厢的外侧，即先进后出约束，但是该约束对装箱顺序的严格限制会一定程度降低车辆装载率。考虑到实际配送中装卸成本相对运输成本较小，该问题目标是使得各车辆路径总成本最小。

（2）**符号说明** 顾客集合为 $C=\{1,\cdots,n\}$；顶点集合为 $N=C\cup\{0,n+1\}$；车辆数量为 K；车辆总容量为 Q；顾客 j 的需求为 q_j；路径成本为 c_{ij}。

（3）**决策变量** y_i 表示车辆访问到 i 点时累计的顾客需求；x_{ij} 表示从 i 访问到 j 时的弧是否被选择。

（4）**模型建立** 目标函数：最小化路径成本：

$$\min Z = \sum_{i=0}^{n+1}\sum_{j=0}^{n+1} c_{ij} x_{ij}$$

（5）**模型约束** 表示每个顾客点（除起点外）必须要出发一次：

$$\sum_{\substack{j=1\\j\neq i}}^{n+1} x_{ij} = 1, \ \forall i \in C$$

表示每个顾客点出发一次也必须进一次：

$$\sum_{\substack{i=1\\k\neq i}}^{n+1} x_{ik} = \sum_{\substack{j=1\\k\neq j}}^{n+1} x_{kj}, \ \forall k \in C$$

表示起点最多有 K 个出弧：

$$\sum_{j=1}^{n} x_{0j} \leqslant K$$

确保车辆服务的顾客需求不超过车辆的容量，同时避免了子回路的产生：

$$y_i + x_{ij}q_j - Q(1-x_{ij}) \leqslant y_j, \ \forall i,j \in N$$

确保车辆服务的顾客需求不超过车辆的容量：

$$q_j \leqslant y_i \leqslant Q, \ \forall i \in N$$

$$x_{ij} \in \{0,1\}, \ \forall i,j \in N$$

3. 模型算法

模型除了前文涉及的遗传算法和粒子群算法等启发式算法，根据实际生活需要，带二维装箱约束的车辆路径问题也有文献采用了分支定界算法进行求解。

（二）带时间窗约束的 VRP

1. 模型概述

相对于静态的车辆路径优化问题，带时间窗约束的车辆路径优化问题在容量约束的前提下，加入了时间窗的约束。带时间窗约束的车辆路径优化问题强调时间窗的作用，即给车辆设置开始和结束时间，车辆必须在设定好的时间窗之间完成任务。一般来说，对于时间窗限制可以分为两种，一种是硬时间窗（Hard Time Window），硬时间窗要求车辆必须要在时间窗之内完成工作，早于开始时间并不会有奖励，晚于结束时间（迟到）一定会有惩罚（拒收等）；另一种是软时间窗（Soft Time Window），不一定要在时间窗内开始服务顾客，但是在时间窗之外开始服务必须要惩罚。最终带时间窗约束的车辆路径优化问题的决策目标在于如何规划调度车辆使得配送的总费用最小化。

车辆路径优化问题和带时间窗的车辆路径优化问题之间的不同之处大致在于：对于车辆路径优化问题是可以选择多目标的目标函数，而带时间窗的车辆路径优化问题是一个单目标的目标函数；在时间要求上，只有后者有时间窗的要求（设定开始时间和结束时间）；在客户位置上，前者包含了固定不变的客户位置以及随机变化的客户位置，而对于后者来说，客户位置是固定不变的；从任务特点上来看，带时间窗的车辆路径规划问题不像前者装卸混合，是纯装卸任务；配送中心数与车辆类型，后者也都是一种；最后，后者问题还要求车辆不能超载。

2. 模型构建

（1）问题描述　配送中心 V_0 有若干台完全相同的车辆用来服务 n 个客户（$V_1, V_2, \cdots, V_n$）。已知车辆的容量为 Q，车辆的固定成本为 h，顾客 i 的需求为 q_i，且 $q_i < Q$，并要求该任务开始执行的时间范围为 $[a_i, b_i]$，路径成本为 c_{ij}。典型的 VRPTW 问题的定义要求的是设计车辆行驶的路线使得每项任务都在规定的时间内开始执行，每个客户的任务只执行一次（即每个客户仅被一辆车访问一次），并同时保证使用最少的车辆和最少的行驶成本[12]。

（2）符号说明　顾客集合为 $C = \{1, \cdots, n\}$；顶点集合为 $N = C \cup \{0, n+1\}$；车辆数量为 $K = \{1, \cdots, k\}$；车辆总容量为 Q；顾客 i 的需求为 q_i；顾客时

间窗为 $[a_i, b_i]$；路径成本为 c_{ij}；本模型中，一个节点到自身的费用被认为是无穷大，即 $c_{ii}=+\infty$。

(3) 决策变量 y_{ik} 表示是否将顾客 i 指派给车辆 k；x_{ij}^k 表示车辆 k 从 i 访问到 j 的弧是否被选择，$i \neq j, i \neq n+1, j \neq 0$；$s_{ik}$：表示车辆 k 在顾客 i 处到达的时间。

(4) 模型建立 目标函数：最小化路径成本：

$$\min Z = \sum_{i \in N} \sum_{j \in N} c_{ij} \sum_{k \in K} x_{ij}^k$$

(5) 模型约束 每个顾客必须被一辆车服务：

$$\sum_{k \in K} y_{ik} = 1, \forall i \in C$$

每个顾客有进有出，且被同一辆车服务：

$$\sum_{i \in N \setminus (n+1)} x_{ih}^k = \sum_{j \in N \setminus \{0\}} x_{hj}^k = y_{hk}, \forall k \in K, h \in C$$

容量约束：每辆车的执行路径上容量不能超过限制：

$$\sum_{i \in C} q_i y_{ik} \leq Q, \forall k \in K$$

时间窗约束：确保在时间窗内开始服务：

$$s_{ik} + t_{ij} + M(1 - \sum_{k \in K} x_{ij}^k) \leq s_{jk}, \forall i, j \in N$$

$$a_i \leq s_{ik} \leq b_i, \forall i \in N, k \in K$$

$$y_{ik}, x_{ij}^k \in \{0, 1\}, \forall i, j \in N, k \in K$$

3. 模型算法

毫无例外，包括带时间窗的车辆路径优化问题在内，所有的车辆路径优化问题都是 NP 难问题。该问题的求解模型可分为精确算法以及启发式算法两类。

(1) 车辆路径优化问题精确算法 精确算法在它力所能及的范围内可以很好地解决问题，并找到最优解，解决问题的层次结构比较清晰，对判定可行解有规定的准则。相对地，精确算法对于过于复杂的情况并不能很好地找到最优解，出现决策目标出现矛盾或者并不能完全满足约束条件等情况。

基于动态规划和状态空间松弛的方法、列生成方法、基于"K-树"松弛法和基于拉格朗日松弛的求解带时间窗的车辆路径方法都是求这类问题的典型精确算法。

(2) 车辆路径优化问题启发式算法 求解带时间窗的车辆路径优化问题的启发式算法是现在研究这一系列问题的重要求解方法。启发式算法的核心思路：一种是通过尚未指定路径的顾客按照一定标准插入到现有的路径中去，以此产生最终解；一种是通过领域中的邻居搜索反复改进现有的解来得到最优解的；还有一种是将上述两种情况进行结合。

第一种启发式算法通过尚未指定路径的顾客按照一定标准插入到现有的路径中去，以此产生最终解。第一种启发式算法包括节约启发式、最近启发式、以时间为导向的扫描启发式等。有文献通过研究网络启发式算法[13]或通过改进求解不带时间窗的车辆路径优化问题的插入式节约算法[14]，将其运用在带有时间窗的问题上。虽然这类启发式算法相对来说比较通俗易懂，但是和精确算法一样，只适合小范围的带时间窗的车辆路径优化问题。

第二种启发式算法通过领域中的邻居搜索反复改进现有的解来得到最优解。第二种启发式算法在第一种上进行了改进，在应用上出现了较好的结果。循环传送算法应用到带时间窗的车辆路径优化问题上，最后的数值极大程度上满足了实际应用的要求；局部搜索交换启发式算法用来很好地改进带时间窗的车辆路径优化问题的初始解；递增局部优化算法通过将该算法融合到解的构造中，改善了最终解的解释能力；"破坏-再造"算法也成功地应用于带时间窗的车辆路径问题；多起始点局部搜索算法的提出也在带时间窗的车辆路径优化问题上证明了该算法的高效性。

第三种启发式算法结合第一种和第二种启发式算法。算法最大的优点在于它能过容忍质量较差的甚至是不可行的解出现，通过这种方法可以最大程度上避免陷入"局部最优"。第三种启发式算法主要有遗传算法、禁忌搜索算法或者将这些算法结合在一起生成一些新的算法，依此来克服原有算法的一些缺陷。现在随着带时间窗的车辆路径优化问题的深入研究，更多学者更倾向于去将多种算法混合起来进行求解，将各种算法结合起来，可以互相克服算法中的一些固有缺陷。比如有学者使用模拟退火算法和禁忌搜索算法结合[15-19]，大大地扩展了解的搜索空间，避免陷入循环搜索和局部最优的怪圈；通过进化算法和禁忌搜索的集成能够进一步提高解的解释能力。

（三）带有配送和回收需求约束的 VRP

1. 模型概述

在许多实际场景中，配送中心需要面临多位顾客的需求，即有同时配送和回收需求。所以在考虑同时有配送和回收问题的时候，我们往往应该需要将正向物流和逆向物流同时加以考虑，这也就成为了解决这种问题的一个有效手段。同时具有配送和回收问题的车辆路径优化问题在 1989 年被首次提出，设计求解的一种混合遗传算法也被验证了求解的高效性。

同时具有配送和回收需求问题的车辆路径优化问题大致可以分为四种类型。

先配送、后回收的模型：在整条配送路径中的顾客只分为两种类型，一种是有配送需求的顾客，一种是有回收需求的顾客。在目标决策的时候必须要求先通过有配送需求的顾客，遍历完所有有配送需求的顾客后才去访问所有的有回收需求的顾客。

配送和回收需求混合的模型：与第一种模型一样，在整条路径中，顾客要么是有配送需求，要么是有回收需求，没有一个顾客是两种需求兼得的。这种情况下，并不限制先满足有配送需求的顾客还是先满足有回收需求的顾客，顺序上没有限制。

配送和回收需求同时发生的模型：这种模型要求对比第二种模型，顾客类型上范围更大。此类模型中的顾客可以同时有配送和回收需求，如果产生一个有混合需求的顾客，其中一种需求（配送或回收）为 0，那么就可以把问题转化为第二种模型，即配送和回收需求混合的模型。

路线调节模型：路线调节模型强调的是顾客之间路线的优先级。配送中心并不直接配送或者回收物品，比如说两个地方 A、B，车辆可以首先去地点 A 满足顾客需求之后再前往 B，也可以去完 A 之后，先去其他地点满足其他顾客需求之后再前往 B。

2. 模型构建

(1) 问题描述 针对同时具有配送和回收需求的车辆路径问题时，设计一系列车辆路径成本费用最小化，使得：每一条路径都从车辆中心开始并结束于车辆中心；每一条路径（每一辆车）的最大载货量都必须小于或等于容量；每一个顾客被且只被服务一次。

(2) 符号说明 站点集合为 I；客户集合为 J；车辆集合为 K；客户数量为 N；节点 i 和节点 j 之间的距离为 d_{ij}；客户 i 的供应量为 p_i；客户 i 的需求量为 q_i；j 点后各点的需求量为 q_t；i 点前各点的供应量为 p_t；车辆的最大容量限制为 C；车辆 k 在弧 ij 上的装载量为 L_{ijk}。

(3) 决策变量

$$x_{ijk} = \begin{cases} 1, & \text{车辆 } k \text{ 经过弧 } ij \\ 0, & \text{车辆 } k \text{ 不经过弧 } ij \end{cases}$$

(4) 模型建立 同时具有配送和回收需求问题的车辆路径优化问题模型建立如下：

目标函数：使得所有车辆的总行驶距离最短：

$$\min \sum_{k \in K} \sum_{i \in I \cup J} \sum_{j \in I \cup J} d_{ij} x_{ijk}$$

(5) 模型约束 车辆的容量限制：

$$L_{ijk} \leqslant C, (i, j \in I \cup J, k \in K)$$

保证客户被访问并且只访问一次：

$$\sum_{k \in K} \sum_{i \in I \cup J} x_{ijk} = 1, (j \in J)$$

保证站点可以属于多条回路：

$$\sum_{k \in K} \sum_{i \in J} x_{ijk} \geqslant 1, (j \in I)$$

保证客户与站点链接，即子巡回约束，$S \subseteq \{1, 2, \cdots, N\}$，$|S|$ 表示 S 中节点的个数：

$$\sum_{k \in K} \sum_{i \in S} \sum_{j \in (I \cup J) \setminus S} x_{ijk} \geqslant 1, (|S| \geqslant 2)$$

保证在每个客户处的进出为同一辆车：

$$\sum_{i \in I \cup J} x_{ijk} = \sum_{i \in I \cup J} x_{jik}, (j \in I \cup J, k \in K)$$

限制每辆车最多只能从每个节点处出发一次：

$$\sum_{i \in J} \sum_{j \in I \cup J} x_{ijk} \leqslant 1, (k \in K)$$

保证只有客户和站点中存在连接才能有流通过：

$$L_{ijk} \leqslant x_{ijk} \cdot \sum_{t} (q_t + p_t), (i, j \in I \cup J, k \in K)$$

路径流守恒公式：

$$\sum_{k \in K} \sum_{i \in I \cup J} L_{ijk} - q_j = \sum_{k \in K} \sum_{i \in I \cup J} L_{jik} - p_j, (j \in J)$$

0-1 变量约束：

$$x_{ijk} = 0, 1, (i, j \in I \cup J, k \in K)$$

非负约束：

$$L_{ijk} \geqslant 0, (i, j \in I \cup J, k \in K)$$

3. 模型算法

该问题的解决方式主要是混合遗传算法[20]。

第一步，生成初始种群和适应度函数。生成初始种群第一步需要生成顾客排列。初始的顾客排列可以随机生成或者按照一定的规律生成。一般来说，按照一定规则生成的初始顾客排列可以产生较高质量的初始种群，对之后数据匹配以及运行结果都有利，但是这样容易丢失掉其他容易获得最优解的一些个体组合，从而让模型陷入"局部最优"的问题，也就是说这样的情况下可能无法获得最优解或者满意解。

生成初始种群的第二步需要将顾客对应于车辆进行聚类。这一步的主要思想就是按照之前生成的顾客排列将顾客分给对应的车辆。在这一步中，每次都将顾客排列中没有被分配的顾客中最前端的顾客（即最左侧的顾客）在满足约束条件的情况下分给当前车辆，若不能满足约束条件则这位最前端的顾客进入下一辆车，与此同时，顾客新进入的这辆车变成当前车辆。

重复生成初始种群的两个步骤直到产生一定数量的染色体。选择运算通过种群的适应度评估进行建立。选择运算的目的是把优化的个体直接遗传到下一代或通过配对交叉产生新的个体再遗传到下一代。

第二步，进行个体的交叉与变异。在自然界生物进化过程中基因重组和变异占主导地位。同样地，遗传算法中交叉算子起到了极为重要的作用。交叉就是将两个父本的部分结构进行替换从而生成新个体。目前，有许多交叉算子，例如单点交叉、两点交叉、多点交叉、部分匹配交叉等都被应用到遗传算法中来。两点交叉指的是在染色体中随机设置了两个点位进行基因交换。两点交叉操作流程：第一步先在两个互相配对的个体中随机设置两个交叉点；第二步，交换这两个交叉点之间的部分染色体完成两点交叉。

对于变异操作，也需要选择变异算子。一般来说，变异算子操作的具体流程是：第一步，先判断种群中所有个体是否进行变异；第二步，对进行变异的个体随机选择两个基因并交换其位置。

第三步，进行种群替换。种群替换策略的核心在于最后生成的新个体以什么方式取代旧的个体。

四、应急食品供应调配模型

（一）单供应点-多需求点

1. 模型概述

地震等大规模自然灾害爆发的时候对于周围紧急救援的物资运送能力

有很高的要求。应急物资分配过程的核心就是决策目标（以应急响应时间最短为主）在约束条件下决策与决策过程的结合。应急食品调配要解决的往往是这样的问题：在什么时间，调配什么种类、多少数量的物资，前往何地，做什么样的事情。针对灾害事件，众多学者围绕应急资源调配做出了相关研究。例如针对多出救点问题研究了连续消耗系统和一次性消耗系统中应急资源配置的运输时间最小化问题以及从出救点到应急点所需时间为模糊数时的应急问题；有的研究针对多应急点多出救点问题的特点，研究了多资源最短响应时间问题的数学模型；也有学者针对物资紧急调运问题建立选择最优资源点模型和运输量分配模型；国外有学者整合了多物资网络流与运输路线问题，建立了相关模型并通过实际事件的检验。

以上研究模型的前提基本上都基于对物资供应与需求情况已知或者处于比较稳定的阶段，仅考虑以应急响应时间最短为决策目标的情况下讨论物资分配问题。实际上，这种应急物流情形的假设并不满足真实情况，真实情况往往是初期物资供给量不能完全满足所有需求点，每一个需求点的需求也是时刻变化的。因此接下来本节介绍了一种针对单一物资分配应急物流系统中单一出救点、多需求点的模型。

2. 模型构建

(1) 问题描述 本节研究的应急物流系统是由一个供应点 A 与多个应急点 $B_1, B_2, \cdots, B_n$ 构成的双层物资分配系统。从供应点到任意一个应急点所需的运输时间为 $t_i(t_i > 0, i = 1, 2, \cdots, n)$。设供应点初始供应能力能够达到 s，各个应急点初始需求量为 d_i，$i = 1, 2, \cdots, n$，同时假设存在 $d = \sum_{i=1}^{n} d_i > s$，即假设刚开始应急系统中的物资并不能满足所有需求点的需求。T 为应急响应时间，意思是当应急需求指令下达之后，最后一批物资到达需求点所需要的时间。

(2) 符号说明 考虑到时变供求约束，假定供应点的单位时间物资召集能力 m，记 $m_i(i = 1, 2, \cdots, n)$ 为供应点分配给需求点单位时间供应物资的能力 $m = \sum_{i=1}^{n} m_i$。同时，假设所有需求点对于物资的单位时间的消耗能力为 l，记 $l_i(i = 1, 2, \cdots, n)$ 为每个需求点对于物资的单位时间的消耗能力，可得 $l = \sum_{i=1}^{n} l_i$。

由上述可知，整个系统的总物资可供给量为：

$$s + \sum_{i=1}^{n} m_i(T - t_i) = \sum_{i=1}^{n} [s_i + m_i(T - t_i)]$$

其中，s_i 为供应点分配给各个需求点的初始物资量，满足 $s = \sum_{i=1}^{n} s_i$。

应急系统的总物资需求量如下所示：

$$\sum_{i=1}^{n} (d_i + l_i T)$$

(3) 模型建立 根据以上分析，对于每一种应急系统中的方案，系统存在时变供求约束：

$$\sum_{i=1}^{n} [s_i + m_i(T - t_i)] \geqslant \sum_{i=1}^{n} d_i + \sum_{i=1}^{n} l_i T$$

(4) 模型约束 对于每一个需求点来说，它的物资时变供求约束满足：

$$s_i + m_i(T - t_i) \geqslant d_i + l_i T$$

一般来说，如果能够保证 $m > l$ 或者 $\sum_{i=1}^{n} m_i > \sum_{i=1}^{n} l_j$，也就是说系统的物资单位时间召集的能力大于整个系统物资单位时间的消耗能力。在这样的情况下，总会存在一个满足需求点需求量的应急响应时间。

在这个时间内整个系统的物资量满足：

$$s + \sum_{i=1}^{n} m_i(T_j - t_i) = \sum_{i=1}^{n} d_i + \sum_{i=1}^{n} l_i T_j$$

系统的目的是实现应急响应时间最短，如下所示：

$$\min(T_j)$$

对应的系统应急物资响应方案为：

$$\Phi_j = \{(s_1, m_1), (s_2, m_2), \cdots (s_n, m_n)\}$$

(5) 模型求解步骤

第一步：计算应急响应时间 T 的取值区间；

第二步：取应急响应时间 T 为范围内最大值（可以取到的正整数），求解对应系统物资供应方案；

第三步：若 $T = T - 1$，还在应急响应时间 T 的取值区间内，则进行下一步，否则结束运算；

第四步：求解 T 对应方案，若对应方案不存在，则终止计算。

（二）多供应点-单需求点

1. 模型概述

应急物流体系是应用并综合应急管理、危机管理、现代物流和供应链管理等决策理论而发展的系统体系。当大型灾难发生的时候，往往需要大量的应急物资，远远超过一个出救点的最大限度，在这种情况下，便出现了多供应点-单需求点的问题。从决策角度来说，多供应点是能够较好满足单需求点的需求情况，但是相应地，我们也要考虑背后的经济效益：供应点越多，需要支付的费用也越多，例如运输费、人工费、装卸费等费用。因此，供应点并不是越多越好。此外，当灾害发生的时候，每个供应点到灾害地点的风险大小也是需要考虑的，因此在路线选择上也成为这类模型的目标之一。本章节主要研究在突发事件发生后，应急点需要的物资从多个出救点调运的情况。此类方案首先要保证应急响应时间尽可能短，其次是要求出救的路径数及出救点数尽可能少，以节省出救成本、提高出救的效率以及成功的可能性。相关文献研究了多出救点-单应急点的问题，在出救时间为确定与模糊两种条件下给出了问题解法。

2. 模型构建

（1）问题描述　在发生突发事件后，应急点 A 对应急资源的需求量为 $x(x>0)$；多个供应点分别为 $A_1, A_2, \cdots, A_n$；供应点 A_i 的存储资源量为 $S_i(i=1,2,\cdots,n)$，有 $\sum_{i=1}^{n} s_i \geqslant x$；资源从 A_i 到 A 运输的时间为 $t_i(i=1,2,\cdots,n)$，假设 $t_1 \leqslant t_2 \leqslant t_3 \cdots \leqslant t_n$。本节模型是一个两目标的混合整数规划模型。在满足时间最早的情况下要减少应急救援出行成本，供应点要尽可能少。

（2）决策变量　设 x_i 为供应点 A_i 的资源实际量；y_i 为 0-1 变量，当且仅当 $x_i>0$ 时等于 1，否则取 0；x_i、y_i 为决策变量；T 为在应急指令下达后，最后一批资源到达后的应急响应时间。

为了方便起见，本节只考虑单资源调度问题，而且建立前提假设全部应急资源到达之后应急才能开始。最终整体方案需要实现的目标是确定参与应急供应的供应点以及需要运出的资源总量，在提高效率、降低救援成本、应急响应时间最短的情况下，使得供应点数量最少。

（3）模型建立　应急开始时间最早：

$$\min T$$

参与供应点的数量最少:

$$\min \sum_{i=1}^{n} y_i$$

(4) 模型约束 各应急点资源需求约束:

$$\sum_{i=1}^{n} x_i = x$$

对于各供应点的资源量的约束条件（y_i 为 0-1 变量, 当且仅当 $x_i > 0$ 时等于 1, 否则取 0）:

$$\varepsilon y_i \leqslant x_i \leqslant s_i y_i (\varepsilon \text{ 是充分小的正数})$$

$$t_i y_i \leqslant T$$

$$y_i \in \{0, 1\}, i = 1, 2, \cdots, n$$

（三）多供应点-多需求点

1. 模型概述

强震灾害发生后,政府主导下的储备点调用是最常用的应急物资供应方式之一,普遍应用于重特大自然灾害后的应急响应过程中。基于该供应方式,本书主要构建了包含应急食品供应点、应急食品需求点两层结构的应急食品供应体系。进行灾后应急食品供应时各供应点同时启动,每个应急食品供应点可同时满足多个应急食品需求点,每个应急食品需求点可由多个应急食品供应点供应（图 4-2）。此外,考虑到灾后应急食品供应时效性特征,响应时间越短,供应效果越好[89,99,100]。因此,本节确定需要优化的问题为应急食品供应调配方案,在满足各需求点数量需求的前提下,以应急响应时间最短为目标,构建城市发生强震灾害后的应急食品供应优化调配模型。

2. 模型构建

(1) 问题描述 多供应点-多需求点的应急食品供应优化调配模型有 m 个供应点和 n 个需求点,且不区分应急食品具体种类；m 个供应点的初始应急食品存储量及 n 个需求点的需求数量已知,且供应点应急食品总存储量充足；m 个供应点分别至 n 个需求点的运输响应时间已知；受灾区域内的应急食品供应点、应急避难场所受强震灾害波及,不参与应急食品供应过程。模型目标是使得应急食品供应过程的应急时间最短。

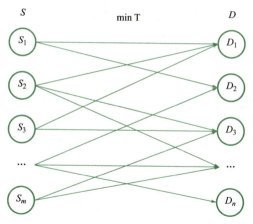

图 4-2 应急食品供应示意图

(2) 符号说明 应急食品供应点集合为 S_i，$i=\{1,2,\cdots,m\}$；应急食品需求点集合为 D_j，$j=\{1,2,\cdots,n\}$；n 个应急需求点的应急食品需求总量为 X；供应点 S_i 的应急食品供应量为 x_i，$x_i>0$；需求点 D_j 的应急食品需求量为 x_j，$x_j>0$；供应点 S_i 对需求点 D_j 的实际供应量为 x_{ij}，$x_{ij}\geqslant 0$；供应点 S_i 至需求点 D_j 运输响应时间为 t_{ij}，$t_{ij}>0$；应急食品供应过程的应急时间即应急食品从应急供应点被运送至对应需求点的最长运输响应时间为 T，$T>0$。

(3) 决策变量 $y_{ij}\in\{0,1\}$ 由 x_{ij} 决定，取 1 表示供应点 S_i 至需求点 D_j 的路径被使用，否则取 0。

(4) 模型建立

$$\min T$$

(5) 模型约束

$$\sum_{j=1}^{n} x_{ij} \leqslant s_i, \quad \forall i \tag{4-1}$$

$$\sum_{i=1}^{m} x_{ij} = d_j, \quad \forall j \tag{4-2}$$

$$t_{ij} y_{ij} \leqslant T, \quad \forall i,j \tag{4-3}$$

$$x_{ij} \leqslant M y_{ij}, \quad \forall i,j \tag{4-4}$$

目标函数表示该应急食品供应过程所花费供应时间最小；约束条件 (4-1) 表示各应急食品供应点对各需求点的实际供应量不大于原有储备量；约束条件 (4-2) 表示各应急食品供应点的实际供应量恰好等于需求点的需求量；约束条件 (4-3) 表示各供应点至需求点的运输响应时间均不大于应急食品

供应的应急时间；约束条件（4-4）表示决策变量 y_{ij} 的取值，当 $x_{ij}>0$ 时，y_{ij} 值为 1，当 $x_{ij}=0$ 时，y_{ij} 值为 0。

五、模型实证

（一）背景资料

随着中国城市化进程的加快，城市已成为当今社会的发展常态。城市中人群、社会财富高度密集，当遭受强震灾害袭击时多伴随房屋建筑倒塌、基础设施瘫痪等严重灾害损失，导致大量人员无家可归。由于地震灾害的突发性，受灾群众无法在短时间内被疏散至安全地区。为降低受灾群众遭受二次灾害的风险，保障其人身安全，政府等相关部门亟需在短时间内对受灾群众进行统一安置与集中救助。城市应急避难场所作为一类预先经科学规划及管理，集通信、电力、物流、人流、信息流为一体的重要空间资源储备，肩负着灾民避险栖身与救援部门集中救助的双重职能，是灾后应急安置的首要选择。

2011 年日本东北部大地震后，由于当地应急避难基础设施相对完善，政府部门在短时间内便启用了当地应急避难所，并征用了很多防灾公园为受灾群众提供庇护，使得近 360000 名受灾群众得以安置，大大提高了震后应急救援效率。中国自 2003 年起，北京、天津、深圳、成都等经济较为发达的城市逐渐注重应急避难场所的规划与建设，并颁布了一系列国家标准、法律法规等以配合建设。以天津市为例，截止到目前该市共建设 2300 余处应急避难场所，可供避难面积 $18000000 m^2$，可容纳 1300 万人避灾。此外，为进一步巩固防灾减灾能力建设，我国确立了应急物资三级分层储备制度，并相继设立 24 个中央级应急物资储备库及相应省市、区县级应急物资储备库。虽然不同级别的应急物资储备库的应急物资配置、供应能力有所差异，但均可在灾害发生的第一时间内得以启用，充分发挥人-财-物效益，提高灾后应急救援处置效率，降低灾害危险程度，最大限度地保障受灾群众的生命及财产安全。

基于此，本节主要以应急食品储备点作为应急食品供应点，以应急避难场所作为应急食品需求点进行震后城市应急食品供应调配优化模型的构建。

在我国，通常将地震烈度Ⅵ度及Ⅵ度以上的区域面积作为受灾面积，受灾范围内建筑物、基础设施等受损严重无法正常使用。同时，《中华人民共和国防震减灾法》中明确规定：建筑物新建、改建、扩建应按国家有关规定达到抗震设防要求。查询可知下文涉及某直辖市辖区建筑物抗震设防烈度最低为Ⅷ度。因此，参考上述抗震设防烈度与受灾面积定义认为该直辖市强震灾害受灾面积应为地震烈度Ⅷ度以及Ⅷ度以上区域面积，且受灾范围内应急食品储备点及应急避难场所不再使用。强震灾害发生后，相关政府部门可在地理信息系统（GIS）等技术手段支持下，兼顾应急避难场所最大可容纳人数与受灾区就近原则对受灾范围之外的应急避难场所进行筛选，最终获取可用应急避难场所列表。此外，为便于需求量计算，本研究按照各应急避难场所最大可容纳人数，进行应急食品数量需求计算。其中，应急食品需求量计算式为：

$$应急食品需求量 = 受灾人数 \times 赈灾救助标准$$

式中，赈灾救助标准为每人每天 0.5kg 应急食品。

（二）情景设置

已知某直辖市设有中央级（1个）、省市级（1个）、区县级（16个）三级应急食品储备库，各储备库中均储备有足量应急食品物资以满足强震灾后应急食品物资调用。现假设该市某区发生 7.0 级强震灾害，造成 10 万人受灾，且该区应急食品供应点因灾害无法正常使用，故需调用其他各区应急食品储备以满足灾区应急食品需求。

（三）算例验证

1. 供应能力与需求量计算

各应急供应点供应能力详见表 4-1。同时依据应急避难场所"就近选取"原则，将受灾群众分散安置在灾区附近的 5 处应急避难场所，各应急避难场所最大可容纳人数及各应急避难场所应急食品需求数量详见表 4-2。

表 4-1 应急食品供应点供应能力（实验1） （单位：kg）

S_i	S_1	S_2	S_3	S_4	S_5	S_6	S_7	S_8	S_9
x_i	3600	3350	700	3650	2650	3050	1500	600	820
S_i	S_{10}	S_{11}	S_{12}	S_{13}	S_{14}	S_{15}	S_{16}	S_{17}	
x_i	900	850	1750	1550	800	730	8500	15000	

表 4-2　各应急避难场所应急食品需求量（实验 1）

项目	D_1	D_2	D_3	D_4	D_5
可容纳人数/人	3000	3000	30000	5000	59000
X_j/kg	1500	1500	15000	2500	29500

2. 供应点与需求点间最短运输时间计算

基于 Sioux-Falls 网络进行运输时间获取，选取节点 10 为受灾中心点，节点 1、2、3、4、5、6、7、8、12、13、14、18、19、20、21、22、23 依次设为 17 个应急食品供应点，节点 9、11、15、16、17 依次设为 5 个应急食品需求点，每条路段标记的是对应序号，如图 4-3 所示。已知强震灾害可导致路网存在不同程度受损，因此，以各路段两端点与受灾中心点平均距离为依据进行道路受损等级划分，分别设为 0.3、0.5、0.7。其中，距受灾中心点平均距离 $L<10$ 时，路段受损等级最大为 0.7；距受灾中心点平均距离 $10 \leqslant L<20$ 时，路段受损等级为 0.5；距受灾中心点平均距离 $L>20$ 时，路段受损等级则为 0.3。在此基础上，对每条路段生成正态分布均值为 t_1、

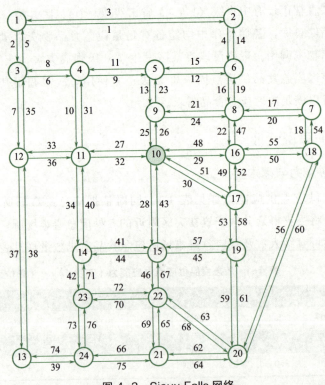

图 4-3　Sioux-Falls 网络

标准差为 0.3 的随机数 $t_2(t_2>0)$。如果 $t_2>0.95$，则认为该路段无法通行；否则，则认为对应路段运输时间增加 nt_1+t_2（本实验中，$n=4$），最终获取各应急食品供应点至应急食品需求点最短运输时间，并使其符合实际情况，如表 4-3 所示。

表 4-3 灾后运输响应时间　　　　　　（单位：min）

项目	D_1	D_2	D_3	D_4	D_5
S_1	188	302	296	211	345
S_2	164	260	269	151	284
S_3	143	257	251	232	317
S_4	98	297	298	187	321
S_5	59	258	267	149	282
S_6	111	207	216	98	231
S_7	139	193	189	84	182
S_8	94	170	179	61	194
S_9	187	212	206	277	272
S_{10}	228	174	168	239	235
S_{11}	151	49	137	160	190
S_{12}	138	153	149	44	142
S_{13}	155	155	46	147	39
S_{14}	190	203	98	95	91
S_{15}	251	162	156	156	152
S_{16}	155	142	45	152	128
S_{17}	198	96	90	197	172

3. 供应点与需求点间供应数量计算

采用 Gurobi 求解器编程求解，最终得到该应急食品供应方案应急响应时间为 296min，供应方案为：供应点 S_1、S_4 为需求点 D_1 进行应急食品供应；供应点 S_3、S_{14} 为需求点 D_2 进行应急食品供应；供应点 S_1、S_6、S_8、S_{10}、S_{11}、S_{15}、S_{17} 为需求点 D_3 进行应急食品供应；供应点 S_1、S_4 为需求点 D_4 进行应急食品供应；供应点 S_2、S_5、S_6、S_7、S_9、S_{12}、S_{13}、S_{16}、S_{17} 为需求点 D_5 进行应急食品供应。各供应点对需求点的具体供应数量详见表 4-4。

表 4-4　应急食品供应方案（实验 1）　　　　（单位：kg）

项目	D_1	D_2	D_3	D_4	D_5
S_1	146	0	3250	204	0
S_2	0	0	0	0	3350
S_3	0	700	0	0	0
S_4	1354	0	0	2296	0
S_5	0	0	0	0	2650
S_6	0	0	2997	0	53
S_7	0	0	0	0	1500
S_8	0	0	600	0	0
S_9	0	0	0	0	820
S_{10}	0	0	900	0	0
S_{11}	0	0	850	0	0
S_{12}	0	0	0	0	1750
S_{13}	0	0	0	0	1550
S_{14}	0	800	0	0	0
S_{15}	0	0	730	0	0
S_{16}	0	0	0	0	8500
S_{17}	0	0	5673	0	9327

进一步分析该直辖市应急避难场所属性数据了解到，截至 2021 年，该市各区共设有应急避难场所 2395 个。其中，约 91.4% 应急避难场所最大可容纳人数不足 10000 人，可容纳 10 万人以上的大型应急避难场所仅有 4 个。为更切合这种小型（可容纳人数＜10000 人）应急避难场所广泛分布，大中型（可容纳人数＞10000 人）应急避难场所稀疏分布的实际情况，同时为进一步验证模型参数适用性，本项目组将该直辖市应急食品储备量调整为可满足全市居民受灾状况下一次应急食品供应需求量，详见表 4-5，并随机选取了 100 处应急避难场所进行应急食品供应调配方案实验，各避难场所应急食品需求量详见表 4-6。

表 4-5　应急食品供应点供应能力（实验 2）　　（单位：kg）

S_i	S_1	S_2	S_3	S_4	S_5	S_6	S_7	S_8	S_9
x_i	36300	335000	70000	365000	285000	306000	150000	61000	82000
S_i	S_{10}	S_{11}	S_{12}	S_{13}	S_{14}	S_{15}	S_{16}	S_{17}	
x_i	91000	85000	17500	15700	80000	73000	95000	285000	

表 4-6　应急避难场所应急食品需求量（实验 2）（单位：kg）

D_j	D_1	D_2	D_3	D_4	D_5	D_6	D_7	D_8	D_9	D_{10}
X_j	1500	9500	3500	2500	800	4500	1500	1000	2500	29500

……

D_j	D_{91}	D_{92}	D_{93}	D_{94}	D_{95}	D_{96}	D_{97}	D_{98}	D_{99}	D_{100}
X_j	1800	2650	2690	1740	2790	100440	3000	2930	600	603500

4. 供应方案形成

考虑到基于 Sioux-Falls 网络无法获取实验 2 所需数量运输响应时间数据，本书借助高德地图开放平台，获取到正常通行状况下，上述 17 个应急食品供应点至 100 处应急食品需求点处的通行时间，以验证所构模型对于大数据计算数量时的适用状况。

采用 Gurobi 求解器编程求解，计算可得该次应急食品供应方案应急响应时间为 70min，供应方案为：供应点 S_1 为 D_1、D_3、D_4 等 43 个需求点进行应急食品供应；供应点 S_3 为 D_7、D_{27}、D_{30} 等 12 个需求点进行应急食品供应；供应点 S_4 为需求点 D_{13}、D_{14}、D_{22} 等 12 个需求点进行应急食品供应；供应点 S_7 为需求点 D_9、D_{11}、D_{17} 等 14 个需求点进行应急食品供应；供应点 S_8 为需求点 D_2、D_{92} 进行应急食品供应；供应点 S_9 为需求点 D_{21}、D_{48}、D_{87} 进行应急食品供应；供应点 S_{10} 为需求点 D_{100} 进行应急食品供应；供应点 S_{11} 为需求点 D_{82}、D_{96} 进行应急食品供应；供应点 S_{14} 为需求点 D_{100} 进行应急食品供应；供应点 S_{15} 为需求点 D_{12}、D_{34}、D_{39}、D_{79}、D_{96}、D_{99} 进行应急食品供应；供应点 S_{16} 为需求点 D_{98}、D_{100} 进行应急食品供应；供应点 S_{17} 为需求点 D_5、D_{20}、D_{32}、D_{47}、D_{63}、D_{85}、D_{98} 进行应急食品供应。供应点对需求点的对应供应数量详见表 4-7。

表 4-7　应急食品供应方案（实验 2）　　（单位：kg）

S_i	匹配需求点 D_j	对应供应量
S_1	D_1,D_3,D_4,D_6,D_8,D_{10},D_{15},D_{16},D_{18},D_{19},D_{23},D_{24},D_{26},D_{28},D_{29},D_{31},D_{33},D_{35},D_{37},D_{42},D_{43},D_{45},D_{46},D_{50},D_{51},D_{55},D_{56},D_{59},D_{60},D_{62},D_{64},D_{66},D_{68},D_{73},D_{74},D_{77},D_{81},D_{83},D_{84},D_{86},D_{88},D_{95},D_{97}	1500,3500,2500,4500,1000,29500,2950,9900,15000,500,15000,2500,5500,15000,2500,29500,1500,2500,5500,950,1500,4500,1500,9500,900,1500,9230,2200,1500,1260,1300,9900,4990,600,3650,1930,2120,550,1000,2360,3460,2790,3000

续表

S_i	匹配需求点 D_j	对应供应量
S_3	$D_7, D_{27}, D_{30}, D_{38}, D_{53}, D_{57}, D_{61}, D_{65}, D_{69}, D_{70}, D_{78}, D_{90}$	1500, 1500, 2900, 1500, 2950, 1100, 1160, 1000, 1260, 1590, 2900, 2550
S_4	$D_{13}, D_{14}, D_{22}, D_{40}, D_{41}, D_{49}, D_{71}, D_{72}, D_{80}, D_{93}, D_{94}, D_{100}$	2500, 3700, 1500, 2500, 9500, 600, 500, 1690, 550, 2690, 1740, 337530
S_7	$D_9, D_{11}, D_{17}, D_{25}, D_{36}, D_{44}, D_{52}, D_{54}, D_{58}, D_{67}, D_{75}, D_{76}, D_{89}, D_{91}$	2500, 7500, 6500, 32500, 2500, 29500, 2500, 4500, 1020, 10510, 800, 1880, 2580, 1800
S_8	D_2, D_{92}	9500, 2650
S_9	D_{21}, D_{48}, D_{87}	1500, 5390, 2420
S_{10}	D_{100}	91000
S_{11}	D_{82}, D_{96}	2170, 82830
S_{14}	D_{100}	80000
S_{15}	$D_{12}, D_{34}, D_{39}, D_{79}, D_{96}, D_{99}$	1500, 1000, 15000, 2020, 17610, 600
S_{16}	D_{98}, D_{100}	30, 94970
S_{17}	$D_5, D_{20}, D_{32}, D_{47}, D_{63}, D_{85}, D_{98}$	800, 9500, 1500, 4910, 2590, 310, 2900

该次实验中，模型计算处理时间为 0.05s，虽较实验 1 模型处理时间增加了 1.5 倍，但仍符合灾后应急响应时间要求。进一步分析实验 2 中应急食品供应调配方案可知，该供应方案中存在某一供应点可对多个需求点进行应急供应及某一需求点可接受多个供应点对其进行应急供应的调配关系，从而证明该优化模型可实现多供应点-多需求点供应目标。综合上述实验结果可知，本章所构建的震后城市应急食品供应优化调配模型在处理数据量较大的真实案例中同样具有较强的适用性。

5. 结论

本章主要进行了城市应急食品供应优化调配模型研究，研究内容包括：①针对灾后应急供应中的应急食品供应进行了研究，提出了应急食品供应优化调配模型，在满足需求点数量需求的前提下，实现了应急响应时间最小化。②基于应急食品供应优化调配模型的供应方案，有助于决策者对应急食品的科学调配，最大程度地提高灾后应急食品供应效率。③充分考虑了灾害救援的复杂性，基于灾情信息、受灾面积、需求量模型等完成了应急避难场所优化选择与应急食品需求评估，实现了应急食品供应的多供应点-多需求点的优化调度，为辅助决策指挥提供参考。

 **本章小结**

一、从应急食品供应储备库选址模型出发，梳理了储备库选址下最常用的几种模型，包括绝对中心点模型、中值模型、集合覆盖模型、最大覆盖模型、多目标选址模型以及路径选址模型。

二、从应急食品供应需求预测模型出发，介绍了对于供应需求直接预测以及间接预测的两种应急食品供应需求预测模型。

三、从应急食品供应路径优化模型出发，概述了带二维装箱约束的路径优化问题、带时间窗约束的路径优化问题以及同时具有配送和回收需求问题的路径优化问题。

四、从应急食品供应调配模型出发，介绍了单供应点-多需求点的供应调配模型、多供应点-单需求点的供应调配模型以及多供应点-多需求点的供应调配模型。

五、基于实证的视角，通过科学的情景设置，进行了应急食品供应优化调配模型的算例验证。

第五章

应急食品供应辅助决策系统研究

应急食品供应辅助决策系统通过GIS技术将各类型应急避难场所、应急食品供应点等信息在一张图上进行展示,不仅可以直观地看到各类型资源的空间分布情况,还可集成应急食品需求预测和供应调配数理模型,基于地图完成相应分析操作,并最终提供震后应急食品供应分析决策报告,有助于震后应急食品科学化、高效化供应的可视化展示。

一、主要技术及工具

1. 地理信息系统（Geographic Information System，GIS）

GIS 系统是一种非常重要的特定空间信息系统，又可被称为地学信息系统，它是在计算机硬件和软件支持下，对整体或部分地球表面的各种空间数据和描述数据特征的属性进行采集、存储、管理、分析、运算、描述和显示的技术系统。GIS 系统是计算机硬件、软件、数据、用户和方法的有机结合体，通过对空间数据、属性数据和图形数据等多种地理实体数据及其相互之间关系的管理和分析处理，得出一定区域内分布的多种现象和过程，用于解决规划、决策和管理等问题。GIS 系统的基本功能包括地理空间数据的采集、编辑、存储、管理、处理分析、查询、统计、制图及数据输出等。

（1）GIS 空间分析 GIS 空间分析包括空间查询、空间量算及网络分析。空间查询包括属性查询、空间定位查询和基于空间关系的查询。其中，属性查询是通过逻辑表达式在图层中查找出符合查找条件的对象。空间定位查询是给定一个点或一个几何图形，从而检索出该图形范围的空间对象以及相应的属性。空间关系查询则是基于图层之间的空间关系查询目标，同时，还可以使用属性查询进行地物的筛选及过滤。

空间量算主要包括空间距离及空间面积量算。最常用的距离概念为欧式距离，用于计算两点间的直线距离：

$$d = \sqrt{[(X_i - X_j)^2 + (Y_i - Y_j)^2]}$$

当有阻碍或阻力时，则利用非标准欧式距离公式，如下式所示：

$$d = [(X_i - X_j)^k + (Y_i - Y_j)^k]^{\frac{1}{k}}$$

对于没有空洞的简单多边形，假设有个顶点，其面积计算公式如下所示：

$$S = 1/2 \left(\sum_{i=1}^{N-2}(x_i y_{i-1} - x_{i+1} y_i) + (x_N y_1 - x_1 y_N) \right)$$

网络分析是依据网络拓扑关系考查网络元素的空间和属性数据，对网络的性能特征进行多方面的分析计算，如运用路径分析求解给定两点之间符合要求的路径。路径分析中有静态最佳路径和动态最佳路径。静态最佳路径是在给定每条链上的属性或权值后，求解最佳路径，而实际网络中权值是随着权值关系式变化的，还可能出现一些障碍点或边，需要动态计算最佳路径。下式是最短路径方程。

$$\begin{cases} d_1 = 0 \\ d_k \leqslant \min(d_j + W_{jk}) \end{cases} \quad k, j = 2, 3, \cdots, p; j \neq k$$

其中，d_k 是顶点 V_1 到 V_k 的最短路径长度，W_{jk} 为 V_j 到 V_k 上的权值，d_j 为 V_1 到 V_j 的最短路径长度，求解此方程即可得到最短路径。

(2) 电子地图 电子地图从狭义上讲是一种以数字地图为基础数据、以计算机软件硬件为系统处理平台、同时在屏幕上实时显示的地图形式。从广义上讲，它是屏幕地图与支持地图显示的软硬件的总称。与传统的纸质地图相比，电子地图拥有以下几个方面的优势。

第一，它是数据与软件的集成。电子地图的应用软件称为地图浏览或阅读系统，主要负责将地图数据库中的内容显示在屏幕上，并具有对地图浏览的一系列功能。

第二，过程的交互性。用户可通过缩放、漫游等地图操作与相应的计算机软件或程序等进行交互，从而形成一张新的电子地图。

第三，信息表达的多样性。电子地图具有交互功能，可兼顾地图数据库技术，从而使得地图的负载量得到极大扩展，使文字、声音、动画、图像和视频等多媒体信息也加入到电子地图中来，信息表达的多样性最大限度地发挥了电子地图的功效。

第四，无级缩放与多尺度数据。电子地图可通过开窗、剪裁或无级缩放等操作实现电子地图内容的任意局部或全局显示。在电子地图中还可以同时加载多个比例尺地图数据，并通过对特定条件的设定，实现对地图表达的内容的动态显示与调整。

第五，快速、高效的信息检索与功能分析。电子地图利用查询、检索和 GIS 系统的空间分析功能，能够完成用户对地图目标的快速查询和高精度量算、分析。

第六，共享性。电子地图依托计算机技术、网络通信技术，能够更加容易地实现地图的复制、传播以及共享。

电子地图作为高速公路应急指挥系统的基础数据，借助实时交通信息、空间查询，可实现快速查询道路地名和交通流信息、通告道路状况及相关信息。利用缓冲区分析结合空间关系查询可获得事故点周围的应急资源信息。在电子地图中构建路径网络并进行路径分析，有助于为应急指挥提供最佳路径导航，并在电子地图中显示对应路线。

(3) 电子地图制作 在 GIS 工程中，地图数字化是目前获取空间数据的主要途径，一般包括两种作业方式：一种是利用数字化仪来进行手扶跟踪数字化；另外一种则是将地图纸扫描成栅格图像后，再对栅格图像进行矢量化。电子地图制作流程见图 5-1。

图 5-1　电子地图制作流程

第一步，前期准备。首先将原纸质图中不同种类的地理要素进行分层，每一种地理要素对应一个数据集，对各个数据集进行表结构设计，包括数据集的类型、字段名称、字段类型和字段长度等，建立地图要素编码表。表 5-1 是电子地图要素部分编码表。

表 5-1　电子地图要素编码表

地理要素	数据及名称	数据集类型	设定表结构		
			字段名称	字段类型	字段长度
高速公路	高速公路	线数据集	Name	文本型	50
			Code	长整型	4
地点	医院	点数据集	Hospital	短整型	2
			Code	长整型	4
行政区域	行政区域	面数据集	Name	文本型	50
			Code	长整型	4
市名	市名	文本数据集	Name	文本型	50
			Code	长整型	4

第二步，数据输入。按照制作的程序，数据输入的具体过程如下。

首先，将原始纸质地图资料扫描为栅格数据，在此基础上，利用扫描好的栅格数据作为底图并进行矢量化工作。栅格数据的存储格式一般有 TIFF 和 BMP 格式。在矢量化前，可以对栅格数据进行前期的处理，包括分类、去噪和矫正图形等，提高栅格图像的对比度和清晰度，使其在矢量化过程中更加快捷方便，提高矢量化的速度与质量。

接下来，对栅格数据处理后，对其创建一个数据源并命名，数据源可以存储矢量化后的数据。数据源坐标系一般设置为原图纸的坐标系，将栅格数据导入到该数据源中。

其后，对数据源中的栅格数据进行配准，对坐标数据和投影进行校正，使得其地图具有实际地物的空间坐标位置。同时配准也可以纠正扫描时由于各种因素引起的图形变形。二次多项式的纠正公式如下：

$$X = Ax + By + Cx^2 + Dy^2 + Exy + F$$
$$Y = Gx + Hy + Ix^2 + Jy^2 + Kxy + L$$

均方根误差（RMSerror）如下式：

$$\text{RMSerror} = \sqrt{((x'-x)^2 + (y'-y)^2)}$$

在配准当中选取 7 个控制点对地图进行配准。

最后根据前期准备中制定好的编码表对地图中的各种地图要素建立不同的数据集，对数据集中的表结构进行修改，对数据集中的字段名称、字段类型、字段长度及其他各种相关参数进行设置并设定数据集的类型。

开始手工跟踪矢量化地图。以栅格图像为背景绘制地图的各地理要素。在矢量化过程中同时完成各个地理要素对象的属性数据的输入。

第三步，数据编辑。在地图矢量化完成之后还需再次对地图进行修改，以检查各个地理要素是否存在遗漏，图形是否正确，属性数据输入是否完整，作图是否符合制图的精度要求等。利用制图工具中提供的点状符号库、线型符号库和填充库等对各地理要素图层进行编辑修改，使地图更加生动，并符合实际。

第四步，地图输出。电子地图内容完成之后，设置合适的地图页面布局、正确的比例尺，并将完成的地图添加到布局当中去。这时就可以打印出该比例尺下的地图。此外，电子地图还可以以 *.bmp 和 *.jpg 等格式存储为影像文件。

(4) B/S 架构　B/S 架构，指的是 Browser/Server（即浏览器/服务器）结构，它由逻辑上相互分离的表示层（浏览器）、业务层（Web 服务层）和数据层（数据库服务器）构成（如图 5-2 所示）。其中，表示层主要实现用户和后台的交互及最终查询结果的输出功能，业务层主要是利用服务器完

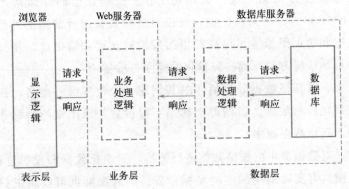

图 5-2　B/S 架构三层结构示意图

成客户端的应用逻辑功能,数据层则主要实现在接受客户端请求后独立进行的各种运算。

B/S架构采取浏览器请求、服务器响应的工作模式,只需要安装一个浏览器和数据库,就可以让浏览器通过Web Server同数据库进行数据交互。操作用户能够通过浏览器去访问Internet上由Web服务器产生的文本、数据、图片、动画、视频点播和声音等信息,且每一个Web服务器又可以通过各种方式与数据库服务器连接,将大量的数据存放在数据库服务器中。实际操作过程中,可从Web服务器上下载程序至本地执行,若在下载过程中遇到与数据库有关的指令,则由Web服务器交给数据库服务器来解释执行,并返回给Web服务器,经由Web服务器再返回给用户。在这种结构中,能够将若干网络连接到一块,形成一个巨大的网,即全球网,使用该网络的各个企业又可以在此结构的基础上建立自己的Internet。B/S架构工作原理见图5-3。

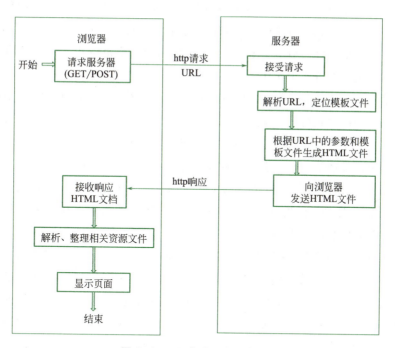

图5-3 B/S架构工作原理图

B/S架构的工作流程为:第一步,客户端发送请求,用户在客户端【浏览器页面】提交表单操作,向服务器发送请求,等待服务器响应;第二步,服务器端处理请求,服务器端接收并处理请求,应用服务器端通常使用服务器端技术,如 JSP 等对请求进行数据处理,并产生响应;第三步,服务器端发送响应,服务器端把用户请求的数据(网页文件、图片、声音等等)返回给浏览器;第四步,浏览器解释执行 HTML 文件,呈现用户界面。

B/S 架构是随着 Internet 技术而兴起的,是针对 C/S 架构的一种变化和改进。C/S 架构是指基于客户端和服务器的概念所构建而成的网络体系结构,通过 TCP 网络传输协议在局域网的范围内实现双线通信。C/S 架构分为客户端和服务器两层:第一层是在客户端系统上结合了表示与业务逻辑;第二层是通过网络结合数据库服务器。简单来说,第一层是用户表示层,第二层是数据库层。

B/S 架构和 C/S 架构的区别包括如下几种。

第一,建立基础不同。C/S 架构是建立在局域网的基础上的;而 B/S 架构则是基于广域网进行构建的。

第二,硬件环境不同。C/S 架构一般建立在专用的、小范围的网络环境中,局域网之间再通过专门服务器提供连接和数据交换服务。而 B/S 架构则是建立在广域网之上的,不必有专门的网络硬件环境,例如电话上网,租用设备,信息自己管理。相较于 C/S 架构的适应范围更广,只要有操作系统和浏览器便可实施操作。

第三,对安全要求不同。C/S 架构一般面向相对固定的用户群,对信息安全的控制能力很强。一般高度机密的信息系统采用 C/S 架构,并可借助 B/S 架构以发布部分可公开信息。B/S 架构是基于广域网进行构建,因此其对于安全的控制能力相对弱,面向用户也多为不可知的用户群。

第四,软件重用不同。C/S 架构不可避免地考虑整体性,构件的重用性不如在 B/S 要求下的构件的重用性好。B/S 架构的多重结构,要求构件具备相对独立的功能,能够相对较好地重用。

第五,系统维护不同。C/S 架构由于整体性特征,必须对其进行较为全面的考察,处理出现的问题以及系统升级也较难。在基于 C/S 架构的系统中,系统若要维护升级,需要对客户端进行更新操作。而在基于 B/S 架构的系统中,操作用户自己从网上下载安装便可通过升级服务器实现系统的升级,客户端基本零维护,系统维护成本也较少。

第六,用户接口不同。C/S 架构多建立在 Windows 平台上,表现方法有限,对程序员普遍要求较高。B/S 架构则建立在浏览器上,通过 Web 服务或其他公共可识别描述语言可跨平台,使用更灵活,不仅可应用在 Windows 平台上,还可应用于 unix/Linux 等平台。

第七，扩展性不同。基于 C/S 架构的系统兼容性差，关于不一样的开发工具，拥有比较大的局限性，当使用不一样的工具时，须重新改写程序。基于 B/S 架构的系统业务扩展简单便利，仅通过添加网页就可以添加服务器功能。

第八，操作流程不同。在基于 B/S 架构的系统中，用户无须进行烦琐的环境配置（如 Gephi 需要安装版本相符的 JVM）和额外的应用程序安装。基于 B/S 架构的系统在服务端部署完成后，用户只需在浏览器的地址栏中输入网址即可进行访问，操作流程相对简便。

总体而言，C/S 响应速度快，安全性强，通常应用在局域网当中，但开发维护费用高；B/S 虽能够跨平台，客户端零维护，可是个性化性能低，响应速度较慢。

2. GeoServer

GeoServer 是一个提供空间地图服务的地图服务器，是 OpenGIS Web 服务器规范的 J2EE 实现，符合 OGC（Open Geospatial Consortium）开放标准，支持 MySQL、MapInfo、POSTGIS、Shapefile 等多种数据格式。利用 GeoServer 可以方便地发布地图数据，允许用户对特征数据进行更新、删除、插入操作，通过 GeoServer 可以比较容易地在用户之间迅速共享空间地理信息。

GeoServer 能够进行发布的数据类型主要分为三大类，通过 WMS（Web Map Service）服务来实现地图或影像数据的发布，通过 WFS（Web Feature Service）服务来实现实时地理数据的发布，通过 WFS-T（Web Map Service-Transactional）服务来实现用户更新、删除或编辑后的数据的发布。

GeoServer 优点如下：

① 用 Java 语言编写标准的 J2EE 架构；
② 兼容 WMS 和 WFS 特性，支持 WFS-T 规范；
③ 高级数据库支持 PostGIS、Shapefile、ArcSDE、Oracle 等；
④ 支持上百种投影；
⑤ 能够运行在任何基于 J2EE/Servle 的容器之上。

3. ArcMap

ArcMap 是由美国环境系统研究所（Environment System Research Institute，ESRI）开发的 ArcGIS 桌面产品之一，是其桌面产品中的一个核心应用程序，是一个功能非常强大的地图绘制软件。该软件为用户提供了地图制作、地图编辑、地图分析等功能，它不仅仅是一个面向对象的编辑器，又是一个数据表生成器，可以有效提高用户的效率。

ArcMap 提供两种类型的地图视图：数据视图（Data View）和布局视图（Layout View）。在数据视图中，操作用户无须关心诸如指北针等的地图要素便可与地图进行交互，也可对地理图层进行符号化显示、分析和编辑 GIS 数据集。数据视图是任何一个数据集在选定的一个区域内的显示窗口。版面视图也称为地图布局视图，是一个包含制图要素的虚拟页。几乎所有能在数据视图中对数据进行的操作都可以在视图版面中完成，在布局视图中，用户可以处理地图的页面，包括地理数据视图和其他数据元素，比如图例、比例尺、指北针等。通常，ArcMap 可以将地图组成页面，以便打印和印刷。

ArcMap 是 ArcGIS 的数据编辑工具，它提供了强大的数据编辑功能，可以编辑 ArcGIS 中的任何矢量数据格式，如 Shapefile、Geodatabase Feature Dataset。编辑功能主要包括要素编辑、拓扑编辑、属性编辑、注记编辑、注释编辑、尺度编辑、关系和相关对象编辑等。根据实际工作需要对空间数据进行关联编辑。ArcMap 中的关联分为两种类型，分别为 Join（连接）和 Relate（关联）。其中，Join 不能用于一对多。所谓的"一"是指原表（即要连接的表）中只有一条记录，"多"是指目标表（即被连接的表）中有多条记录与要连接的表中的"一"相对应。Relate 只可读不可写，是临时的逻辑关系，只能保存在图层文件或地图文档中，无法单独存储。在 ArcMap 中要素类和相关的要素类表中创建一个连接（Join）的必要条件是两者之间必须有相同的值。两者一旦建立了关联，就能从一方中查询到另一方的信息，通常要素有很多的属性，当所需的信息在当前要素类或表中没有时，便可从相关的要素类或表中获取。通过关联字段建立关联后也可以更改原表中某一个或多个字段值或为其增加所需的字段值，同时还可以进行数据挖掘，发现数据的空间规律。

4. JVM

JVM 是 Java Virtual Machine（Java 虚拟机）的缩写，JVM 是一种用于计算设备的规范，它是一个虚构出来的计算机，是通过在实际的计算机上仿真模拟各种计算机功能来实现的。Java 虚拟机包括一套字节码指令集、一组寄存器、一个栈、一个垃圾回收堆和一个存储方法域。JVM 屏蔽了与具体操作系统平台相关的信息，使 Java 程序只需生成在 Java 虚拟机上运行的目标代码（字节码），就可以在多种平台上不加修改地运行。JVM 在执行字节码时，实际上最终还是把字节码解释成具体平台上的机器指令执行。

5. React

本系统搭建前端框架 React，React 是用于构建用户界面的 JavaScript 库，起源于 Facebook 的内部项目。React 主要用于构建 UI，可以在 React 里传递多种类型的参数，如声明代码，帮助你渲染出 UI，也可以是静态的 HTML DOM 元素，也可以传递动态变量，甚至是可交互的应用组件。

6. SpringBoot Spring

SpringBoot Spring 框架是 Java 平台上的一种开源应用框架，提供具有控制反转特性的容器，其设计目标是用来简化新 Spring 应用的初始搭建以及开发过程。Spring 框架为开发提供了一系列解决方案，比如利用控制反转的核心特性，并通过依赖注入实现控制反转来实现管理对象生命周期容器化，利用面向切面编程进行声明式的事务管理，整合多种持久化技术管理数据访问，提供大量优秀的 Web 框架方便开发，等等。

SpringBoot 基于 Spring4.0 设计，不仅继承了 Spring 框架原有的优秀特性，而且还通过简化配置来进一步简化了 Spring 应用的整个搭建和开发过程。另外 SpringBoot 通过集成大量的框架使得依赖包的版本冲突，以及引用的不稳定性等问题得到了很好的解决。

SpringBoot 主要有如下核心特点。

① 包含执行所需的一切可执行依赖包。包括内嵌应用服务器等，可以将应用程序打包为可执行 Jar 文件然后对其进行应用部署，这一功能对于微服务技术来说显得比较重要。

② 约定优于配置，针对于常见的 Spring 应用程序和常见的功能，可以自动配置模块。

③ 提供了 Actuator 健康检查机制，能够随时掌握线上应用的健康状况。

7. Mybitis MyBatis

Mybitis MyBatis 是一款优秀的持久层框架，支持定制化 SQL、存储过程以及高级映射。MyBatis 避免了几乎所有的 JDBC 代码和手动设置参数以及获取结果集。MyBatis 可以使用简单的 XML 或注解来配置和映射原生信息，将接口和 Java 的 POJOs (Plain Ordinary Java Object，普通的 Java 对象) 映射成数据库中的记录。

每个 MyBatis 应用程序主要都是使用 SqlSessionFactory 实例的，一个 SqlSessionFactory 实例可以通过 SqlSessionFactoryBuilder 获得。SqlSessionFactoryBuilder 可以从一个 xml 配置文件或者一个预定义的配置类的实例获得。

用 xml 文件构建 SqlSessionFactory 实例是非常简单的事情。推荐在这个配置中使用类路径资源 (Classpath Resource)，但你可以使用任何 Reader 实例，包括用文件路径或 file：//开头的 url 创建的实例。MyBatis 有一个实用类——Resources，它有很多方法，可方便地从类路径及其他位置加载资源。

二、系统总体设计

1. 总体目标

目前，基于 GIS 的应急指挥决策系统在国内外灾后应急救援、消防减灾等领域应用广泛，技术条件也日渐成熟。针对应急食品供应问题，设计开发相应的应急辅助决策系统，可用于辅助灾后应急指挥决策人员在接到应急供应命令的最短时间内，掌握供应点位置及供应能力、受灾点位置、需求种类及数量等其他客观条件信息，基于此进行科学计算、研判与决策，从而提升应急指挥决策人员在紧急状态下的应急调度能力，提高灾后应急食品供应效率，保障灾区群众基本食品需求，减小因灾后食品供给不足或不及时引起的伤害和损失。基于此，搭建的强震灾害后应急食品供应辅助决策系统设计目标，主要包括以下几个方面：

① 基于强震灾害应急食品供应体系研究成果，实现震后应急食品供应体系的可视化展示及应急食品供应全流程动态化呈现；

② 以某直辖市为例，收集应急食品供应决策相关数据，整理为结构化数据，并搭建关系型数据库；

③ 基于震后应急食品供应相关数理模型、利用公共电子地图服务及开放的 GIS 服务接口，推演该直辖市任意位置发生强震灾害后的应急食品科学分配及高效调配方案，并自动生成决策报告；

④ 整合国家级、省市级自然灾害应急预案、救助条例等相关文件，形成决策辅助资料库。

2. 设计原则

(1) 规范性原则 系统搭建遵循统一的数据标准与规范，依据国家或有关行业所制定的标准规范，基于实际情况，制定出符合要求的规范性文档，确保数据信息科学，便于各类用户使用与操作。

(2) 实用性原则 系统构建不盲目追求使用最新技术手段，而是满足强震灾害下应急食品供应的实际工作需要，深入挖掘某直辖市多源地理信息数据，对接高德地图实时获取并更新运输数据，从而辅助相关人员完成科学高效的应急食品供应指挥决策。此外，确保界面简洁友好、操作简便易行，整体运行环境良好，保障今后可能出现的数据迁移状况。

(3) 可靠性原则 基于成熟的软件架构、开发语言及开发环境完成系统设计与开发，按照严格的标准规范要求进行测试。确保系统 7×24 小时不间断稳定运行，使用有线或无线网络均可保持通信畅通，抗干扰性强，出错率低，避免系统运行时出现卡顿、崩溃等不良现象。

(4) 易用性原则 系统设计应提供界面友好，便于操作，管理维护，数据更新与备份，系统扩展，并可与其他系统进行对接、共享及协调工作等多项功能。

(5) 可扩展性原则 充分考虑数据不断变化增加的需要，充分考虑数据对外共享与分发服务的需要、业务发展的需要和软件硬件技术发展的需要，以保证软硬件的升级不会给用户使用带来困难，保证具有持续长久的生命力。在进行信息资源库设计时采用相关标准，使得数据共享以及数据利用可扩展；构建元数据库、数据服务、信息平台等系统软件，充分考虑扩展性和可维护性。

(6) 安全性原则 系统构建应通过设置访问权限、备份机制等，充分保障数据、文档等的保密性，确保涉密数据具备绝对安全性，同时避免内外网间的交叉并杜绝不同业务、权限间的非授权访问。此外，系统还应具备数据系统安全及访问安全技术措施，为应用该系统以及数据、服务的使用者提供安全可靠的数据访问。

3. 开发环境

地震灾害应急食品供应与保障辅助决策系统主要采用 B/S（浏览器/服务器）模式，开发环境及客户端配置如表 5-2 和表 5-3。

表 5-2 地震灾害应急食品供应与保障辅助决策系统开发环境要求

项目	名称	配置/说明
服务器配置	CPU	Xeon(r)8369B
	内存	16GB
	硬盘	C 盘 40GB，D 盘 150GB
操作系统	系统版本	Windows server 2016 Datacenter
IDE	后端（Java）	IntelliJ IDEA
	前端（JavaScript）	Visual Studio Code

表 5-3 地震灾害应急食品供应与保障辅助决策系统客户端要求

项目	名称	配置/说明
配置	内存	内存 8GB
	CPU	无指定要求
	硬盘	无指定要求
操作系统	系统版本	Windows 7/8/9/10/11
浏览器	后端（Java）	谷歌浏览器/搜狗浏览器极速版 360 浏览器极速模式/火狐浏览器

4. 总体架构

地震灾害应急食品供应与保障辅助决策系统采用多层体系结构，包括硬件层、数据层、服务层、应用层。系统各层次之间彼此独立且又互为联系，共同合作以支撑整个系统的稳定运转，系统的总体架构如图 5-4 所示。

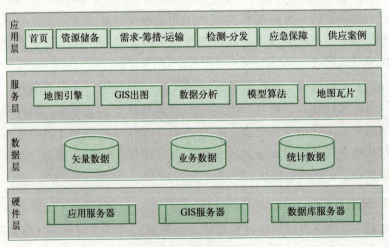

图 5-4 系统总体架构

（1）硬件层　该系统主要部署在三台服务器上，分别为应用服务器、GIS 服务器、数据库服务器，并且系统访问的客户端需要访问互联网。其中，应用服务器主要负责对外提供应用访问服务功能，协助用户在浏览器输入访问地址时进行请求响应；GIS 服务器主要负责提供地图相关数据的出图、分析服务等；数据库服务器则主要负责提供数据等相关操作。

（2）数据层　本系统使用的数据主要包括矢量数据、业务数据、统计数据。其中，矢量数据负责提供各类对象的位置信息、基础属性信息等；业务数据则主要包括某直辖市人口密度数据、应急避难场所数据、应急食品供应点数据以及通过模型计算得来的结果数据等；此外，还有通过各种原始数据计算得出的统计数据等。

（3）服务层　服务层主要负责将数据发布成用户可访问的相关服务，包括地图引擎、GIS 出图、统计分析、模型算法、地图瓦片等服务内容。

（4）应用层　基于服务构建的业务应用位于最上层，是震后应急食品供应辅助决策的核心模块，主要包括首页、资源储备、需求-筹措-运输、检测-分发、应急保障、供应案例等模块。

5. 技术实现路线

（1）后端开发框架　SpringBoot 可帮助开发者实现 Spring 框架的快速搭建，且有助于简化框架使用及快速启动 Web 项目；MyBatis 可消除几乎所有的 JDBC 代码、参数的手工设置及对结果集的检索封装，并可使用简单的 XML 或注解用于配置和原始映射，将接口和 Java 的 POJO（Plain Old Java Objects）映射为数据库中的记录。

（2）前端开发框架　借助 React 进行小型应用搭建。

高德地图应用程序接口（Application Programming Interface，API）：本系统以高德地图为基础地图，使用路径规划 API，实现应急食品运输路径选择及运输时间计算；借助点面、面面缓冲，实现受灾面积、可用应急食品供应点、可用应急避难点计算等；借助对象方式，实现应急食品供应点、应急避难点的标注等。

三、数据结构化设计

地震灾害应急食品供应与保障辅助决策系统的数据库设计主要包括以

下四个方面。

1. 数据库设计

（1）需求分析 需求分析即是调查和分析用户的业务活动和数据的使用情况，弄清所用数据的种类、范围、数量以及它们在业务活动中的使用场景，确定用户对数据库系统的使用要求和各种约束条件等，形成用户需求规约。

（2）概念模型设计 概念模型设计是对用户要求描述的现实世界，通过对其中诸处的分类、聚集和概括，建立抽象的概念数据模型。这个概念模型应反映现实世界各部门的信息结构、信息流动情况、信息间的互相制约关系以及各部门对信息储存、查询和加工的要求等。

（3）逻辑结构设计 逻辑结构设计的主要工作是将现实世界的概念数据模型设计成数据库的一种逻辑模式，即适应于某种特定数据库管理系统所支持的逻辑数据模式。与此同时，可能还需为各种数据处理应用领域产生相应的逻辑子模式。这一步设计的结果就是所谓逻辑数据库。

（4）物理结构设计 根据特定数据库管理系统所提供的多种存储结构和存取方法等依赖于具体计算机结构的各项物理设计措施，对具体的应用任务选定最合适的物理存储结构（包括文件类型、索引结构和数据的存放次序与位逻辑等）、存取方法和存取路径等。

本系统中采用 Postgresql 数据库，是一种关系型数据库管理系统（RDBMS），它不仅支持 Windows、Linux、macOS 等多种平台，可以存储图像、视频、声音等多媒体数据，还可以存储空间数据，通过 PostGIS 插件扩展很多空间操作。本系统中的空间数据、属性数据都存在该数据库中。

2. 数据来源

本系统中的地图数据包括某直辖市行政区划图、各行政区人口密度数据、应急避难场所和应急食品供应点的数据。数据来源主要有以下几个方面。

① 某直辖市各区人口密度数据来自国家统计局（http://www.stats.gov.cn/）官方网站，在行政区划矢量数据后，进行该数据属性的添加处理。

② 应急避难场所数据（某直辖市地震局实地调研）和应急食品供应点数据（模拟），根据获取的点位的位置信息，通过人工在公网地图上进行落图。

3. 数据处理

本系统中地图部分所需数据归纳为图形数据和属性数据两类。通过处理以后，需要合成系统可用的 SHP 数据。系统中叠加的应急避难场所及应急食品供应点数据均为点状数据。

本系统地图部分的数据包括 2395 个应急避难场所和 17 个应急食品供应点。图形数据处理流程详见图 5-5。

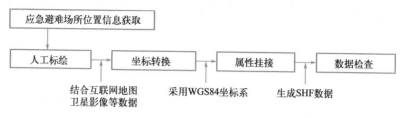

图 5-5　图形数据处理流程

第一步，位置信息获取。系统中展示的数据都是点状矢量数据，比如应急避难场所数据，该数据提供了某直辖市各个区每个应急避难场所的名称、位置、面积和可容纳人数等信息。

第二步，人工标绘。根据应急避难场所的位置描述，结合互联网地图、卫星影像数据等多种数据，确定该地的经纬度坐标，再进行矢量数据标绘。

第三步，坐标转换。根据系统矢量数据规范要求，将上一步生成的图形数据进行转换，本系统采用的坐标系为 WGS84。

第四步，属性挂接。将整理好的属性数据通过软件挂接到图形数据中，最终生成 SHP 数据。

第五步，数据检查。对生成的数据进行检查，包括属性和图形匹配验证、位置验证、属性正确性验证。

第六步，属性数据处理。属性数据处理的目的是将收集到的各类型数据整理成系统属性规范要求的格式，方便后续的属性挂接和数据入库。

4. 数据库表

表 5-4 为某直辖市应急食品供应点数据字段属性详细说明，主要是某直辖市应急供应过程中供应点相关信息，包括各字段的名称、字段描述、字段类型以及数据大小等。表 5-5 为某直辖市应急避难场所数据字段属性详细说明，记录了某直辖市应急避难场所相关信息，包括各字段的名称、字段描述、字段类型以及数据大小等。表 5-6 为某直辖市基础人口数据字段属性详细说明，可用于查询该直辖市各区常住人口、人口密度和占地面积等相关信息，包括各字段的名称、字段描述、字段类型以及数据大小等。

表 5-4　某直辖市应急食品供应点数据字段属性

序号	字段名称	字段描述	字段类型	长度
1	ID	唯一编码	VARCHAR	200
2	Supplyname	物资供应点名称	VARCHAR	200
3	Location	物资供应点位置	VARCHAR	200
4	Storage	储备量(千克)	VARCHAR	200
5	Longtitude	经度	VARCHAR	200
6	Latitude	纬度	VARCHAR	200
7	District	所属区	VARCHAR	200

表 5-5　某直辖市应急避难场所数据字段属性

序号	字段名称	字段描述	字段类型	长度
1	ID	唯一编码	VARCHAR	200
2	Name	应急避难场所名称	VARCHAR	200
3	Location	所在位置(街、镇)	VARCHAR	200
4	Area	占地面积(平方米)	VARCHAR	200
5	Effectivearea	有效避难面积(平方米)	VARCHAR	200
6	Capacity	可容纳人数(万人)	VARCHAR	200
7	Class	避难场所类别	VARCHAR	200
8	Longtitude	经度	VARCHAR	200
9	Latitude	纬度	VARCHAR	200
10	District	所属区	VARCHAR	200

表 5-6　某直辖市基础人口数据字段属性

序号	字段名称	字段描述	字段类型	长度
1	ID	唯一编码	VARCHAR	200
2	Households	户数(万户)	VARCHAR	200
3	Population	人口数(万人)	VARCHAR	200
4	Average Population	平均人口(万人)	VARCHAR	200
5	Population Density	人口密度(人/平方公里)	VARCHAR	200
6	Area	占地面积(平方公里)	VARCHAR	200
7	District code	区代码	VARCHAR	200
8	Geometry	空间数据	VARCHAR	200

表 5-7 为某直辖市行政区划分数据字段属性详细说明,可用于查询该直

辖市区域名称、划分等信息，包括各字段的名称、字段描述、字段类型以及数据大小等。

表 5-7　某直辖市基础人口数据字段属性

序号	字段名称	字段描述	字段类型	长度
1	ID	唯一编码	VARCHAR	200
2	District	区名称	VARCHAR	200
3	Code	区代码	VARCHAR	200
4	Region	区域（市区/远郊区县）	VARCHAR	200

四、系统基本模块

基于 GIS 的地震灾害应急食品供应与保障辅助决策系统主要包括系统首页、供应体系、资源储备、需求-筹措-运输、检测-分发、应急保障和供应案例七个功能模块，各模块详细介绍及界面展示如下。

1. 系统首页

系统首页（图 5-6）主要包括系统简介及震后应急食品供应现场图片两部分。其中，系统简介主要就本系统构建背景、应用意义、涵盖功能等进行介绍，从而有助于操作用户整体了解并把握该系统；图片部分则整合了

图 5-6　系统首页模块界面

典型案例中的灾害现场、应急筹措、应急运输等环节图片或视频资料，有助于操作用户形成对震后应急食品供应的直观认识。

2. 供应体系

供应体系模块功能包括两个方面：应急食品供应体系框架可视化展示、供应流程动态化呈现。其中，可视化展示功能主要是基于震后应急食品供应体系研究成果，用户点击导航栏中供应体系模块后，可在页面中整体呈现应急食品供应体系一、二级指标，并通过鼠标放置的方式自动显示对应三级指标（图 5-7），从而辅助指挥决策人员在最短时间内，了解并掌握应急食品供应流程与关键环节；动态化呈现功能则通过鼠标点击播放图标，以流程图的方式动态呈现应急食品供应流程，从而有助于指挥决策人员跟踪并推进供应进度。

图 5-7　供应体系模块界面

3. 资源储备

资源储备模块主要包括各区人口密度、应急避难场所及应急食品供应点三部分。通过上述功能模块设置，能够更为详细、直观地向应急指挥决策人员展示资源配置等基础信息，有利于决策人员最大程度地规划并使用现有资源，提高整体响应效率。

本系统中，各区人口密度功能包括：以列表的方式显示该市各区人口密度情况，并提供下拉框功能，以便用户搜索；地图则借助不同密度色阶显示各区人口密度差异，当用户点击某一区域后，可详细展示该区的区名、面积、人口数量和人口密度等相关信息。

应急避难场所用于安置受灾群众，并对其进行集中救助。本系统中，应急避难场所功能包括：以列表的方式显示各区应急避难场所基础信息，并设置搜索框功能，以便于进行区域名称精准查询或关键字模糊查询；在地图中对该市各区应急避难场所进行分类，并进行分层展示；此外，用户使用鼠标点击某一应急避难场所时，可在地图上对应显示该避难场所详细信息，包括名称、地址、容纳人数和面积。

应急食品供应点，即应急食品储备点。本系统中，应急食品供应点功能包括：依据应急食品供应点级别（国家级、省市级、区县级），以列表方式依次显示各应急食品供应点基础信息，并于地图中同步显示所有供应点位置分布；鼠标点击列表某一应急食品供应点条目后，可于地图中高亮显示该供应点详细信息，包括名称、位置、存储量和所在区。

4. 需求-筹措-运输

需求-筹措-运输模块主要包括需求分析、应急筹措、应急运输与方案生成四部分。该模块主要是基于应急食品需求数量模型、优化调配模型以及GIS系统内置算法等，为应急指挥决策人员提供一份科学的应急食品供应方案，并最终给出一份决策分析报告，以供相关责任部门参考。

本系统中，需求分析部分功能包括：支持填写地震震级、烈度、震中坐标和发震位置等基本信息，信息填写完整后，通过点击灾情评估图标，可获取受灾面积、受灾人口和应急食品需求量等相关信息，并于地图中同步显示预测受灾面积绘制结果。

应急筹措部分功能包括：供应方案计算可支持震后灾情描述及资源数据调取，并以文字形式进行结果呈现。完成供应方案计算后，依次点击可用供应点、可用避难点和分配应急避难点进行可用资源点筛选及分配避难点获取，并以列表的方式显示。其中，可用供应点、可用避难点依据"受灾面积覆盖范围内资源点因受损无法使用"规则实现可用资源点的筛选；分配应急避难点则基于可用资源点筛选结果及距离受灾范围"就近选取原则"，实现分配避难点的获取。地图可在鼠标点击可用供应点、可用避难点、分配应急避难点列表中某一条目时，高亮显示对应供应点或避难点详细信息，包括名称、地址、可容纳人数（万）/存储量（千克）及所属区。

应急运输部分以高德地图为基础地图，借助路径规划 API，确保生成可通行的最佳运输路径，并通过数据定期更新，实现运输路线优化。本系统中，应急运输部分功能包括：点击应急运输方案计算图标，实现应急运输方案获取，同时生成详细运输方案列表，并当鼠标点击某项运输方案时，可在地图中突出显示对应动态运输路线、运输方向等。

方案生成部分为依次实现需求分析、应急筹措及应急运输功能后，针对该次应急食品供应所生成的决策分析报告，点击方案生成图标，可自动下载并存储至后台数据库，以供应急指挥决策者使用及其他应急状态下调用。

5. 检测-分发

检测-分发模块主要包括应急检测、应急分发两部分。该模块主要是展示震后应急食品供应过程中检测与分发流程，从而提示应急决策人员下达相应指令，以确保应急食品供应的安全性及有效性。

6. 应急保障

应急保障模块包括应急预案、机制保障、体制保障、法治保障四个部分。该模块主要为应急指挥决策人员提供相关资料查询，从而保障震后应急食品供应流程有法可依、有据可依。其中，应急预案部分为我国国家、省市、区县三级相关应急预案库；机制保障为我国现有应急管理机制主要内容及部分城市应急管理机制建设案例；体制保障部分为我国现有灾后应急组织体系及部分城市应急管理体制建设案例库；法治保障则为各项灾后应急响应条例、法律条文等。实际操作过程中，用户依据个人需要可查询出相关目标预案、条例、文件等（图5-8）。

图5-8 应急保障模块界面

7. 供应案例

供应案例模块为该系统生成的震后应急食品供应与保障辅助决策系统分析报告库，并设有查询功能，应急指挥决策人员可参考现有数据库中相关案例，对当下应急食品供应方案进行修改与补充，从而最终实现震后应急食品科学化、高效化供应（图5-9）。

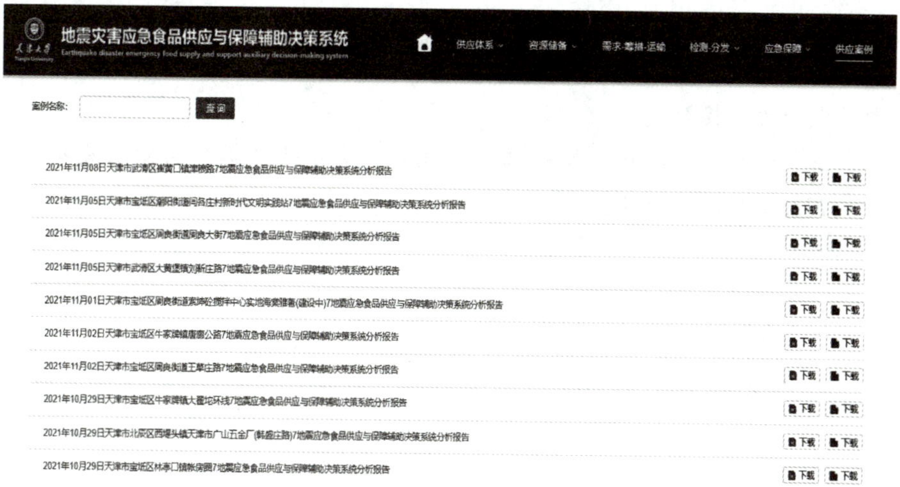

图 5-9　供应案例模块界面

五、系统应用

目前，基于 GIS 的地震灾害应急食品供应辅助决策系统主要可应用于城市震后初期应急食品供应过程中，操作用户通过"供应体系""资源储备"等功能模块，迅速掌握应急食品供应基本流程及现有应急食品储备等基础信息，并借助"需求-筹措-运输"模块中需求分析、应急筹措、应急运输及方案生成等功能设置，实现该直辖市某一地震灾害发生后的应急食品供应方案获取，从而进行应急食品的初期供应。此外，考虑到应急食品的动态消耗性及受灾群众的需求变化性特征，震后应急救援中后期，本系统还可与其他系统对接，通过应急食品供应点数据、应急避难点数据、受灾群众人口结构等相关数据实时更新，实现震后应急食品供应方案的调整与优化。

本章小结

一、以震后应急食品需求、供应体系、优化调配模型研究为基础,设计并开发了基于GIS的地震灾害应急食品供应辅助决策系统,实现了震后应急食品供应智能化、可视化和动态化建设。

二、本系统可为震后应急指挥决策人员提供较为科学、合理的应急食品供应决策分析报告,为震后应急食品供应效率的提高提供了参考样本。此外,还可应用于相关领域教学培训及演练培训中,以促进有关人员应急能力的提升。

三、该系统的成功搭建验证了所选取、构建的应急食品需求模型、优化调配模型的可行性。

参考文献

[1] Ahmad S, Wong KY. Development of weighted triple-bottom line sustainability indicators for the Malaysian food manufacturing industry using the Delphi method [J]. Journal of Cleaner Production, 2019, 229 (20): 1167-1182.

[2] Armenakis C, Nirupama N. Prioritization of disaster risk in a community using GIS [J]. Natural Hazards, 2013, 66 (1): 15-29.

[3] Bi X, Zhang D. Research of Grain Emergency Logistics System [C]. Proceedings of the 2016 4th International Conference on Mechanical Materials and Manufacturing Engineering, 2016.

[4] Carter NW. Disaster management: a disaster manager's handbook [M]. Mandaluyong City, Phil: Asian Development Bank, 2008.

[5] Chen CY, Xu W, Dai Y, et al. Household preparedness for emergency events: a cross-sectional survey on residents in four regions of China [J]. BMJ Open, 2019, 9 (11): e032462.

[6] Christopher M, Benjamin O. ICT and food security: case of GIS in food emergency response [J]. International Journal of Applied Information Systems, 2013, 1 (6): 2249-085X.

[7] Diamond IR, Grant RC, Feldman BM, et al. Defining consensus: a systematic review recommends methodologic criteria for reporting of Delphi studies [J]. Journal of Clinical Epidemiology, 2014, 67 (4): 401-409.

[8] Ding C. Application of GIS technology in the construction of urban traffic sharing multimedia information platform [J]. Multimedia Tools and Applications, 2019.

[9] Douglas CL, Donald FW. Logistics of famine relief [J]. Journal of Business Logistics, 1995 (16): 213-229.

[10] Ergün S, Usta P, Alparslan Gök, SZ, et al. A game theoretical approach to emergency logistics planning in natural disasters [J]. Annals of Operations Research, 2021 (3): 1-14.

[11] Fathizahraei M, Marthandan G, Raman M, et al. Reducing risks in crisis management by GIS adoption [J]. Natural Hazards, 2015, 76 (1): 83-98.

[12] Fournier VP, Zida S. FOSHU: faster on-shelf high utility itemset mining-with or without negative unit profit [C]. Proceedings of the 30th Annual ACM Symposium, 2015.

[13] Hamedi M, Haghani A, Yang S. Reliable Transportation of humanitarian supplies in disaster response: model and heuristic [J]. Procedia-Social and Behavioral Sciences, 2012 (54): 1205-1219.

[14] Hasnat MM, Islam MR, Hadiuzzaman M. Emergency response during disastrous situation in densely populated urban areas: a GIS based approach [J]. Geographia Technica, 2018, 13 (2): 74-88.

[15] Huang X, Jin H. An earthquake casualty prediction model based on modified partial Gaussian curve [J]. Natural Hazards, 2018, 94 (3): 999-1021.

[16] Johnston MF, Bosma H, Siden H, et al. Research priorities in pediatric palliative care: a Delphi study [J]. Journal of Palliative Care, 2007, 23 (3): 467-470.

[17] Jonatan, Lassa, Paul, et al. Revisiting emergency food reserve policy and practice under disas-

ter and extreme climate events [J]. International Journal of Disaster Risk Science, 2019 (1): 1-13.

[18] Karimzadeh S, Miyajima M, Hassanzadeh R, et al. A GIS-based seismic hazard, building vulnerability and human loss assessment for the earthquake scenario in Tabriz [J]. Soil Dynamics and Earthquake Engineering, 2014, 66: 263-280.

[19] Keeney S, Hasson F, Mckenna H. Consulting the oracle: ten lessons from using the Delphi technique in nursing research [J]. Journal of Advanced Nursing, 2010, 53 (2): 205-212.

[20] Kemball CD, Stephenson R. Lesson in logistics from Somalia [J]. Disaster Relief, 1984, 8: 57-66.

[21] Khairunnisa S, Andoyo R, Marta H, et al. Process optimization of emergency food originated from denatured whey protein concentrate and dried sweet potato puree [J]. IOP Conference, 2018, 157: 1-6.

[22] Li S, Yu XH, Zhang YJ, et al. A numerical simulation strategy on occupant evacuation behaviors and casualty prediction in a building during earthquakes [J]. Physical A Statistical Mechanics & Its Applications, 2018, 490: 1238-1250.

[23] Lin YH, Batta R, Rogerson PA, et al. A logistics model for emergency supply of critical items in the aftermath of a disaster [J]. Socio-Economic Planning Sciences, 2011, 45 (4): 132-45.

[24] Liu, S, Li Y, Fu S, Liu X, Liu T, Fan H, Cao C. Establishing a Multidisciplinary Framework for an Emergency Food Supply System Using a Modified Delphi Approach [J]. Foods, 2022.

[25] Mcdevitt H. Ensuring a functional food supply chain in emergency situations [M]. Av AkademikerVerlag, 2013.

[26] Murakami H. A simulation model to estimate human loss for occupants of collapsed buildings in an earthquake [C]. Proceedings of the Tenth World Conference on Earthquake Engineering, 1992.

[27] Pothakos V, Stellato G, Ercolini D, et al. Processing environment and ingredients are both sources of leuconostoc gelidum, which emerges as a major spoiler in ready-to-eat meals [J]. Applied and Environmental Microbiology, 2015, 81 (10): 3529-3541.

[28] Qi C, Fang J, Sun L. Implementation of emergency logistics distribution decision support system based on GIS [J]. Cluster Computing, 2019, 22 (4): 8859-8867.

[29] Sandford BA, Hsu CC. The Delphi technique: making sense of consensus [J]. Practical Assessment Research & Evaluation, 2007, 26 (10): 289-304.

[30] Shapira S, Levi T, Bar-Dayan Y, et al. The impact of behavior on the risk of injury and death during an earthquake: a simulation-based study [J]. Natural Hazards, 2018, 91 (3): 1059-1074.

[31] Sheu JB. An emergency logistics distribution approach for quick response to urgent relief demand in disasters [J]. Transportation Research Part B, 2014 (03): 687-709.

[32] Sheu JB. An emergency logistics distribution approach for quick response to urgent relief demand in disasters [J]. Transportation Research Part E Logistics & Transportation Review,

2007, 43 (6): 687-709.

[33] Smith K, Lawrence G, MacMahon A, et al. The resilience of long and short food chains: a case study of flooding in Queensland, Australia [J]. Agriculture and Human Values, 2016, 33 (1): 45-60.

[34] Smith K, Lawrence G, MacMahon A. The resilience of long and short food chains: a case study of flooding in Queensland, Australia [J]. Agriculture & Human Values, 2016, 33 (1): 45-60.

[35] Soheyla, Ainehvand, Pouran, et al. The characteristic features of emergency food in national levelnatural disaster response programs: A qualitative study [J]. Journal of Education & Health Promotion, 2019, 8 (1): 58-64.

[36] Susan GM, Ayelet GT, Einat M, et al. Enhancing transport data collection through social media sources: methods, challenges and opportunities for textual data [J]. IET Intelligent Transport Systems, 2015, 9 (4): 407-417.

[37] The international disaster database [DB/MT]. https://www.emdat.be//, 2023-7-31.

[38] Thomas MU. Supply chain reliability for contingency operations [C]. Annual Reliability and Maintainability Symposium. 2002 Proceedings, 2002: 61-67.

[39] Turkan S, Özel G. Modeling destructive earthquake casualties based on a comparative study for Turkey [J]. Natural Hazards, 2014, 72 (2): 1093-1110.

[40] Umar M, Wilson M, Heyl J. Food network resilience against natural disasters: a conceptual framework [J]. Sage Open, 2017, 7 (3): 2158-2440.

[41] Urrutia JD, Bautista LA, Baccay EB. Mathematical models for estimating earthquake casualties and damage cost through regression analysis using matrices [J]. Journal of Physics Conference Series, 2014, 495 (1): 012024.

[42] Wen H, Zhao J. Optimization of food emergency logistics dynamic distribution system based on Internet of things [C]. International Conference of Logistics Engineering & Management, 2010.

[43] Wen J, Wang J, Fang X, et al. Improved Delphi method with weighted factor and its application [C]. Proceedings of the 2013 9th Asian Control Conference (ASCC), 2013.

[44] Xu P, Wen R, Ren Y. Comparison of strong-motion records and damage implications between the 2014 Yunnan M_S6.5 Ludian earthquake and M_S6.6 Jinggu earthquake [J]. Earthquake Science, 2018, 31 (1): 12-18.

[45] 白书忠. 军队医学科研管理学 [M]. 北京: 人民军医出版社, 2004.

[46] 白仙富, 聂高众, 叶燎原, 等. 基于GIS和Logistic模型的地震滑坡致死人数快速评估方法 [J]. 地震地质, 2021, 43 (5): 1250-1268.

[47] 曹春霞, 张永忠, 樊毫军, 等. 重特大自然灾害食品应急供应研究 [J]. 中国急救复苏与灾害医学杂志, 2019, 14 (6): 580-582.

[48] 陈雷雷. 大规模突发事件应急物资需求预测和调度研究 [D]. 南京: 东南大学, 2011.

[49] 丁伯阳. 介绍两种震害损失估算方法 [J]. 灾害学, 1991 (2): 45-47.

[50] 符瑜. 海南食品应急物流体系发展与应对策略 [J]. 物流科技, 2019, 42 (3): 83-85.

[51] 耿会君. 我国食品应急物流发展现状及对策研究 [C]. 中国物流与采购联合会应急物流专业委员会, 2015.

[52] 龚卫锋. 应急供应链管理研究 [J]. 中国流通经济编辑部, 2014, 28 (4): 50-55.

[53] 国际红十字会. 人道主义宪章与赈灾救助标准 [M]. 北京: 中国对外翻译出版社, 2001.

[54] 韩冰. 城市综合抗震能力指标体系研究 [D]. 唐山: 华北理工大学, 2020.

[55] 黄佩蒂. 境外地震人员伤亡影响因素研究 [D]. 哈尔滨: 中国地震局工程力学研究所, 2018.

[56] 黄星, 袁明. 震灾人员伤亡预测的改进 SVM 模型及其应用 [J]. 管理工程学报, 2018, 32 (1): 93-99.

[57] 黄燕芬, 韩鑫彤, 杨泽坤, 等. 英国防灾减灾救灾体系研究（上）[J]. 中国减灾, 2018, 11: 58-61.

[58] 贾胜韬, 张福浩, 赵阳阳, 等. 基于政府 GIS 的地震灾害应急系统设计与实现 [J]. 测绘科学, 2014, 39 (5): 65-68.

[59] 金玉品, 李辉. 西南边疆粮食应急体系的建设 [J]. 中国粮食经济, 2011, 11: 53-55.

[60] 李惠永. 考虑避难需求变化的城市应急避难场所布局规划模型研究 [D]. 上海: 上海大学, 2018.

[61] 李志锋, 谢如鹤. 食品应急物流运作流程探讨 [J]. 物流工程与管理, 2009, 31 (9): 81-84.

[62] 刘姝昱, 李悦, 卢明, 等. 地震人员伤亡影响因素及预测方法研究进展 [J]. 中国急救复苏与灾害医学杂志, 2020, 15 (12): 1379-1383.

[63] 刘姝昱, 刘鑫, 刘涛, 等. 城市震后应急食品供应优化调配模型研究 [J]. 自然灾害学报, 2022, 31 (2): 73-79.

[64] 刘炜烜. 基于鲁棒优化的震后食品应急调度研究 [D]. 徐州: 中国矿业大学, 2018.

[65] 刘钊, 刘宏志. 基于 PSO 的食品应急物流模型的研究 [J]. 北京工商大学学报（自然科学版）, 2012, 30 (2): 75-79.

[66] 卢一郡, 贾红轩. 美国国家突发事件管理系统简介 [J]. 中国急救复苏与灾害医学杂志, 2007, 2 (6): 367-384.

[67] 卢兆辉. 地震灾害研究的国际进展 [J]. 防灾博览, 2010, 5: 58-61.

[68] 吕伟, 李志红, 冯满满, 等. 考虑资源和时间窗约束的应急物资调配模型 [J]. 中国安全科学学报, 2019, 29 (12): 141-147.

[69] 民政部. 汶川地震抗震救灾生活类物资分配办法 [J]. 司法业务文选, 2008, 22: 40-42.

[70] 聂高众, 高建国, 苏桂武, 等. 地震应急救助需求的模型化处理——来自地震震例的经验分析 [J]. 资源科学, 2001, 23 (1): 69-76.

[71] 庞海云, 刘南. 基于不完全扑灭的应急物资分配博弈模型 [J]. 浙江大学学报（工学版）, 2012, 46 (11): 2068-2072, 2108.

[72] 钱洪伟, 胡向阳. 焦作市高新区应急物资储备库布点规划研究 [J]. 决策探索（中）, 2020, 6: 4-7.

[73] 钱莉. 基于 SPSS 统计分析的地震伤亡预测模型研究 [J]. 现代营销（学苑版）, 2018 (1): 239-240.

[74] 任宁宁, 王俊杰. 基于 RS 与 PSO-LSSVR 的地震伤亡人数预测 [J]. 地震工程与工程振动,

2015, 35 (6): 226-231.

[75] 任然. 综合医院专职科研人员业务考核评价指标体系的构建 [D]. 重庆: 中国人民解放军陆军军医大学, 2018.

[76] 邵瑜, 译. 德国的危机预防信息系统 [J]. 信息化建设, 2005, 8: 46-48.

[77] 石崇玉, 方瑜. 确定需求下应急食品调度模型应用 [J]. 中国储运, 2021 (10): 78-80.

[78] 苏颂龄. 统计管理与健康统计分册 [M]. 北京: 人民卫生出版社, 2004.

[79] 孙滢悦, 陈鹏, 刘晓静, 等. 基于TOPSIS评价法的城市应急避难所选址适宜性评价研究 [J]. 震灾防御技术, 2017, 12 (3): 700-709.

[80] 瑭杰. 自然灾害中应急食品运输风险分析及方案优化 [D]. 广州: 广州大学, 2011.

[81] 田浩. 公共卫生突发事件情报体系研究——对英国模式的反思 [J]. 中国卫生法制, 2021, 29 (3): 62-79.

[82] 田鑫, 朱冉冉. 基于主成分分析及BP神经网络分析的地震人员伤亡预测模型研究 [J]. 地震工程学报, 2012, 34 (4): 365-368.

[83] 王晨晖, 袁颖, 刘立申, 等. 基于PCA-GSM-SVM的地震伤亡人数预测 [J]. 华北地震科学, 2019, 37 (3): 25-30.

[84] 王冠. 震后初期应急物资调配研究 [D]. 北京: 北京交通大学, 2019.

[85] 王嘉艺, 朴建姝, 米玉倩, 等. 基于德尔菲法构建我国恶性肿瘤相关监测系统评价指标体系 [J]. 现代预防医学, 2018, 45 (19): 7-10.

[86] 王耀禄, 臧泉龙, 郭恩玥, 等. 美国突发事件指挥系统 (ICS) 对石油化工行业现有应急响应机制优化的启示 [J]. 中国石油和化工标准与质量, 2019, 21: 91-93.

[87] 魏艳旭, 刘晓丹, 贾军鹏. 基于GIS的地市级地震应急指挥技术系统设计与实现 [J]. 山西地震, 2016 (2): 22-26.

[88] 吴昊昱, 吴新燕, 李宏伟. 基于神经网络的地震死亡人数快速评估研究 [J]. 科技通报, 2017, 33 (4): 241-244.

[89] 吴恒璟, 冯铁男, 洪中华, 等. 基于遥感图像的地震人员伤亡预测模型研究 [J]. 同济大学学报 (医学版), 2013, 34 (5): 36-39.

[90] 吴珍云, 金忠平, 王冬辰, 等. 基于开源GIS的地震应急信息可视化平台构建与应用 [J]. 实验室研究与探索, 2020, 39 (1): 69-73.

[91] 谢如鹤, 瑭杰, 刘漫波. 食品应急物流体系建设探讨 [J]. 中国市场, 2009, 10: 10-13.

[92] 徐兰声. 基于GIS系统的城市震灾评估和救灾应急的研究 [J]. 地震工程学报, 2019, 41 (2): 507-512.

[93] 许立红. 基于快速评估的地震人员伤亡研究 [D]. 三河: 防灾科技学院, 2016.

[94] 严丽军. 自然灾害的灾情信息集成: 理论与实证研究 [D]. 上海: 上海师范大学, 2016.

[95] 杨青. 美国国家突发事件管理系统观察 [J]. 中国应急管理, 2023, 2: 44-47.

[96] 杨卫军. 国外典型应急指挥系统建设和软件平台功能模型简介 [J]. 警察技术, 2007, 4: 28-30.

[97] 尹之潜. 地震灾害损失预测的动态分析模型 [J]. 自然灾害学报, 1994, 2: 72-80.

[98] 於晓敏, 程梦蓉, 亓树艳, 等. 中国应急食品现状与发展 [J]. 食品工业, 2019, 40 (12): 236-240.

[99] 袁宏永. 我国应急管理信息化技术平台发展的研究与实践 [J]. 人民论坛, 2020, 11: 27.

[100] 张洁, 高惠瑛, 刘琦. 基于汶川地震的地震人员伤亡预测模型研究 [J]. 中国安全科学学报, 2011, 21 (3): 59-64.

[101] 张丽. 供应链视角下的后疫情时期食品安全风险管理 [J]. 食品与机械, 2020, 36 (12): 53-55.

[102] 张莹, 尹文刚, 郭红梅, 等. 地震灾害人员伤亡关键影响因素指标体系构建 [J]. 防灾减灾学报, 2017, 33 (4): 87-94.

[103] 中华人民共和国应急管理部 [EB/OL]. (2008-12-27) [2021-10-10]. https://www.mem.gov.cn/.

[104] 周德红, 冯豪, 程乐棋, 等. 遗传算法优化的 BP 神经网络在地震死亡人数评估中的应用 [J]. 安全与环境学报, 2017, 17 (6): 229-234.

[105] 周露, 陈曦, 陈宏, 彭岷. 应急状态下救灾物资供给特点研究——以汶川地震食品供给为例 [J]. 管理评论, 2008, 20 (12): 25-29.

[106] 朱林, 姜立新, 杨天青. BP 神经网络模型在地震应急人员伤亡评估中的应用 [J]. 自然灾害学报, 2015, 24 (6): 33-41.

[107] 朱琳, 杜松华. 食品供应链突发事件风险分析与应急策略研究 [J]. 物流技术, 2016, 35 (9): 112-119.

[108] 郑琰, 黄兴, 潘颖. 城市应急物流中心多目标选址模型及方法研究 [J]. 重庆理工大学学报 (自然科学), 2020, 6 (34): 239-246.

[109] 张铱莹. 多目标应急服务设施选址与资源配置问题研究 [J]. 中国安全科学学报, 2011, 12 (21): 153-158.

[110] 杜博, 周泓. 不确定环境下应急设施选址问题两阶段鲁棒优化模型 [J]. 工业工程, 2016, 5 (19): 45-50.

[111] 魏文晖, 陈永强, 方育铭, 胡郢. 震后最优应急救援路径决策研究 [J]. 武汉理工大学学报, 2022, 12 (44): 90-96.

[112] 鲍荣昌, 陈军伟, 韩斌, 王瑞. 基于深度优先搜索法的测试点优化设计 [J]. 四川兵工学报, 2014, 8 (35): 43-45, 58.

[113] 冯茜, 李擎, 全威, 裴轩墨. 多目标粒子群优化算法研究综述 [J]. 工程科学学报, 2021, 6 (43): 745-753.

[114] 黄凯明, 卢才武, 连民杰. 多层级设施选址——路径规划问题建模及算法 [J]. 控制与决策, 2017, 10 (32): 1803-1809.

[115] 季彬, 周赛琦, 张政. 分支定价方法求解带二维装箱约束的车辆路径问题 [J]. 控制理论与应用, 2023, 3 (40): 409-418.

[116] 钟浩, 易勇. 基于禁忌搜索的模拟退火算法在最小控制集中的应用 [J]. 成都大学学报 (自然科学版), 2013, 2 (32): 138-141.

[117] 闫磊, 董辉. 模拟退火与禁忌搜索算法在协同配送中的应用 [J]. 宜春学院学报, 2017, 9 (39): 39-42.

[118] 朱敬华. 一种模拟退火算法与禁忌搜索算法的混合算法 [J]. 现代计算机 (专业版), 2012, 6: 12-13, 31.

附录

附录 1　第一轮专家咨询表

重特大自然灾害应急食品供应体系研究
专家意见咨询表（第一轮）

尊敬的_____教授/主任：

您好！很荣幸能邀请您作为本项目研究的咨询专家，您丰富的实战经验和厚重的专业底蕴对本项目的顺利展开至关重要！以下请允许我就本次咨询目标及项目研究内容向您简要汇报：

我们是国家重点研发计划"重特大自然灾害应急食品供应体系研究"子课题项目组，旨在通过对重特大自然灾害应急食品全链条供应体系相关要素进行梳理，筛选出关键指标，以构建重特大自然灾害应急食品供应体系理论模型，进一步优化应急食品供应体系。本项目前期通过文献研究、政策解析、现场调查等方法，初拟了重特大自然灾害下应急食品全链条供应体系指标框架，共包括 8 个一级指标、28 个二级指标以及 53 个三级指标，为进一步获取更为科学、合理的指标体系，希望能借助您在相关研究领域的丰富经验，对我们前期构建的指标体系进行评价，以指导本项目组对指标体系的筛选。

恳请您**收信后 1 周内回复咨询表**，并不吝赐教，请原址发回，真诚期待您的宝贵意见，衷心感谢您的鼎力支持和不吝指正！

第一部分 专家基本情况调查表

表 1 专家一般情况

姓　名		出生日期	年　月　日	学　历		工作单位	
职　务		职　称		身份证号			
E-mail		联系电话					
工作岗位	银行卡号			开户银行		是□　否□	
管理岗位□　专技岗位□　其他： 应急物资供应体系相关研究与工作经验
担任研究生导师 博士后合作导师□　博士研究生导师□　硕士研究生导师□　无□
应急管理□___年　物流管理□___年　救援医学□___年　卫生勤务□___年　其他：___
主要研究方向/工作内容及年限							

表 2 专家对该专题内容熟悉程度调查表

（填表说明：以下表示您对填表内容的熟悉程度，请您根据自身实际进行填写，您可以在选定的程度处打"√"）

	非常熟悉	熟悉	中等	不熟悉	非常不熟悉
熟悉程度					
专家自评					

表 3 专家对选择指标判断依据调查表

（填表说明：以下 4 项可能影响您对指标的选择，每项对您判断的影响可分为大、中、小三个程度，请您根据自身实际程度，您可以在选定的程度处打"√"）

判断依据	大	中	小
实践经验			
理论分析			
参考国内外文献资料			
直观选择			

第二部分　重特大自然灾害应急食品供应指标体系的重要性评分

填表说明：

1. 本体系结构共分为三级，请您按照 5 分度量法（Likert-scale），判断每级指标对应急供应能力分级评估的重要程度，您可以将选定的指标赋值分数打"√"。（请您根据对各级指标的了解及掌握进行"5-1"评分："5"表示非常熟悉/重要；"4"表示熟悉/重要；"3"表示中等熟悉/重要；"2"表示不熟悉/重要；"1"表示非常不熟悉）

2. 表 1、表 2 均给出了对应指标的文字解释，如果您认为指标条目或内涵描述<u>不恰当</u>，您可直接在<u>原处对其进行修改</u>，也可将修改意见填写到"<u>修改意见</u>"栏中。

3. 如果您认为有需要<u>增加或删减</u>的条目，请将您的建议或意见写在"<u>建议增删指标</u>"栏内。（注：若您认为某一级指标需要删减或合并至其他同等级指标，还请您耐心看完该一级指标所包含的二/三级指标）

4. 若您在填表过程中有任何不清楚的地方，请您拨打联系人电话＊＊＊＊＊＊＊＊＊＊＊或发送邮件至＊＊＊＊＊＊＊＊＊＊＊@163.com 询问。

表 1 一级指标咨询表

一级指标	指标解释	指标熟悉程度					指标重要程度					修改意见
应急食品需求	综合考虑影响应急食品供应链的灾害、人为、社会因素，最大限度评估灾区应急食品供应需求，以确定应急食品供应预案	5	4	3	2	1	5	4	3	2	1	
应急食品储备	与应急食品储备相关的基础性信息，本研究着重考虑储备点基本信息、储备方式	5	4	3	2	1	5	4	3	2	1	
应急食品筹措	应急食品供应的基础，包括筹措主体、筹措标准、筹措方式、筹措数量、筹措比例等多个环节	5	4	3	2	1	5	4	3	2	1	
应急食品检测	应急食品筹措后，分发前的质量和数量检测，以确保灾区群众以及救援人员的食用安全性、充足性	5	4	3	2	1	5	4	3	2	1	
应急食品运输	基于应急预案和最优化原则，协调有关部门，将应急食品迅速高效地从各筹措点运送至灾区的过程	5	4	3	2	1	5	4	3	2	1	
应急食品分发	灾区群众、救援人员等获取应急食品的最后一步，包含分发原则、分发制度、分发方式、分发主客体等相关问题	5	4	3	2	1	5	4	3	2	1	
应急保障体系	"一案三制"即应急预案、机制、体制和法制，可实现应急食品供应系统运行合理化，有序化和制度化	5	4	3	2	1	5	4	3	2	1	
信息指挥系统	基于 GIS 系统、人工智能、大数据等应用，构建信息指挥平台，实现整个应急食品供应链过程的信息化、智能化	5	4	3	2	1	5	4	3	2	1	

建议增删指标：

表 2 二级指标咨询表

一级指标	二级指标	指标解释	指标重要程度					修改意见
应急食品需求	灾害因素	灾害类型、灾害地理位置、灾害级别、灾害发生季节及灾害救援阶段等	5	4	3	2	1	
	人为因素	灾民人数、救援人数、受灾人群特征等	5	4	3	2	1	
	社会因素	风俗习惯、宗教信仰等	5	4	3	2	1	
	建议增删指标：							
应急食品储备	储备点	储备点的地理位置分布、储备食品种类和数量及各储备点储备量大小	5	4	3	2	1	
	储备方式	应急食品的储备形式，包括实物储备、合同储备、生产能力储备	5	4	3	2	1	
	建议增删指标：							
应急食品筹措	筹措方式	包括储备点调用、紧急购买、社会捐赠、直接征用、组织突击研制和生产等方式	5	4	3	2	1	
	筹措标准	筹措应急品物资时应当遵循的基本标准，如用时少、质量好、成本低	5	4	3	2	1	
	筹措种类	进行应急食品的筹措工作时，需要或可供筹措的应急食品的种类，如水、方便食品等	5	4	3	2	1	
	筹措比例	所需筹措应急食品种类占应急食品种类的比例大小	5	4	3	2	1	
	筹措数量	满足灾区人民基本生活需要的应急食品的总数量	5	4	3	2	1	
	建议增删指标：							

附录　153

续表

一级指标	二级指标	指标解释	指标重要程度					修改意见
应急食品检测	检测指标	基本指标:数量核查、质量检查、安全性检测	5	4	3	2	1	
	检测方法	抽样检验、破坏性检验、非破坏环境检验等	5	4	3	2	1	
	检测主体	民政部、食品药品监督管理局、第三方检测机构等	5	4	3	2	1	
建议增删指标:								
应急食品运输	运输原则	时间最短原则,满足需要原则,风险最小原则	5	4	3	2	1	
	运输方式	在满足运输要求的前提下,可供选择的不同运输方式,如单运输方式、多式联动等	5	4	3	2	1	
	运输主体	运输应急食品物资时,可将筹措到的应急食品物资安全运送至灾区的部门或企业	5	4	3	2	1	
	运输顺序	不同种类的应急食品物资运送至灾区的顺序	5	4	3	2	1	
建议增删指标:								
应急食品分发	分发制度	分发"实名制""责任制",紧急情况特事特办制	5	4	3	2	1	
	分发原则	按时分发、按量分发、供粮卡	5	4	3	2	1	
	分发方式	直接分发、逐级分发	5	4	3	2	1	
	分发管理	受灾人民花名册统计、负责小组设置、发放点设置、信息公示等管理工作	5	4	3	2	1	
建议增删指标:								
应急保障体系	应急预案	为精准、高效地将应急食品运送至灾区而预先做出的科学有效的计划和安排	5	4	3	2	1	

续表

一级指标	二级指标	指标解释	指标重要程度					修改意见
应急保障体系	机制保障	应急食品供应链体系相关组织或部门之间相互协作的过程和方式,多以政策文件的形式呈现	5	4	3	2	1	
	体制保障	对供应过程过程中涉及的机构和部门进行权限的划分,以保障各部门各司其职	5	4	3	2	1	
	法制保障	整个食品供应链应急过程的运行具有相应的法律出处,是整个应急过程的依据和保障	5	4	3	2	1	

建议增删指标:

一级指标	二级指标	指标解释	指标重要程度					修改意见
信息指挥系统	信息采集与管理	获取应急食品供应链运行过程中各环节数据信息的过程	5	4	3	2	1	
	信息决策与指挥	对采集到的信息进行分析,传输并应用于相应的决策与指挥	5	4	3	2	1	
	信息人员管理	信息技术人员基本岗位胜任能力情况	5	4	3	2	1	

建议增删指标:

表 3　三级指标咨询表

一级指标	二级指标	三级指标	指标重要程度					修改意见
应急食品需求	灾害因素	灾害类型	5	4	3	2	1	
		灾害地理位置	5	4	3	2	1	
		灾害级别	5	4	3	2	1	
		灾害发生季节	5	4	3	2	1	
		灾害救援阶段	5	4	3	2	1	

建议增删指标:

续表

一级指标	二级指标	三级指标	指标重要程度					修改意见
应急食品需求	人为因素	灾民总数	5	4	3	2	1	
		救灾人员数量	5	4	3	2	1	
		性别构成	5	4	3	2	1	
		年龄构成	5	4	3	2	1	
	建议增删指标：							
	社会因素	风俗习惯	5	4	3	2	1	
		宗教信仰	5	4	3	2	1	
	建议增删指标：							
应急食品储备	储备点	位置分布	5	4	3	2	1	
		储备点个数	5	4	3	2	1	
		储备点级别	5	4	3	2	1	
	建议增删指标：							
	储备方式	实物储备	5	4	3	2	1	
		合同储备	5	4	3	2	1	
		生产能力储备	5	4	3	2	1	
	建议增删指标：							
应急食品筹措	筹措方式	储备点调用	5	4	3	2	1	
		紧急购买	5	4	3	2	1	
		社会捐赠	5	4	3	2	1	
		直接征用	5	4	3	2	1	
		应急生产	5	4	3	2	1	
	建议增删指标：							

续表

一级指标	二级指标	三级指标	指标重要程度					修改意见
应急食品检测	检测指标	安全性检测	5	4	3	2	1	
		数量核查	5	4	3	2	1	
		建议增删指标：						
应急食品运输	运输原则	运输时间最短	5	4	3	2	1	
		运输满足需求	5	4	3	2	1	
		建议增删指标：						
	运输方式	协议第三方物流	5	4	3	2	1	
		交通运输部门协调	5	4	3	2	1	
		建议增删指标：						
应急保障体系	应急预案	指挥体系及职责	5	4	3	2	1	
		应急准备	5	4	3	2	1	
		启动条件	5	4	3	2	1	
		应急响应	5	4	3	2	1	
		后期处置	5	4	3	2	1	
	机制保障	基础设施保障机制	5	4	3	2	1	
		法律法规保障机制	5	4	3	2	1	
		全民动员机制	5	4	3	2	1	
		人才培养机制	5	4	3	2	1	
		紧急通道机制	5	4	3	2	1	

续表

一级指标	二级指标	三级指标	指标重要程度					修改意见
应急保障体系	机制保障	政府协调机制	5	4	3	2	1	
		建议增删指标：						
	体制保障	政府统一领导	5	4	3	2	1	
		部门分工负责	5	4	3	2	1	
		灾害分级管理	5	4	3	2	1	
		资金分级担负	5	4	3	2	1	
		建议增删指标：						
	法制保障	自然灾害救助条例	5	4	3	2	1	
		专项灾害保障条例	5	4	3	2	1	
		建议增删指标：						
信息指挥系统	信息采集与管理	应急准备信息	5	4	3	2	1	
		应急响应信息	5	4	3	2	1	
		应急支持信息	5	4	3	2	1	
		建议增删指标：						
	信息决策与指挥	决策指挥平台构建	5	4	3	2	1	
		信息分析	5	4	3	2	1	
		信息传输	5	4	3	2	1	
		建议增删指标：						
	信息人员管理	专职人员	5	4	3	2	1	
		兼职人员	5	4	3	2	1	
		建议增删指标：						

附录 2　第二轮专家咨询表

重特大自然灾害应急食品供应体系研究专家意见咨询表(第二轮)

尊敬的＿＿＿＿＿＿教授/主任：

您好！在您的帮助下我们已经顺利完成"重特大自然灾害应急食品供应全链条指标体系论证"的第一轮咨询工作,感谢您的支持与配合！

项目研究目标:设置并论证重特大自然灾害应急食品供应全流程所涉要素,构建应急指挥官视角下重特大自然灾害应急食品供应链条体系。现将咨询结果反馈给您,真诚邀请您对调整后的指标体系再次提出宝贵建议。

本问卷共包括两部分:第一部分为"重特大自然灾害应急食品供应指标体系的重要性评分",第二部分为"重特大自然灾害应急食品供应指标体系第一轮专家咨询意见"。为节约时间并保证研究进展,请您在百忙之中接到问卷之后按顺序逐项填写,千万不要遗漏。如果您对问卷有疑问,请拨打电话:＊＊＊＊＊＊＊＊＊＊＊。

请您务必在**收信后 1 周内将您的意见反馈给我**,并请按原址发回,您的建议将对最终指标体系的确立起到重要作用,再次感谢您的支持与帮助！

第一部分　重特大自然灾害应急食品供应指标体系的重要性评分

填表说明:

1. 本部分共包含 3 个表格(表 1-1～表 1-3),分别对应于结合第一轮专家咨询结果调整后的应急食品供应三级指标体系,请您再次对各级指标进行重要性评分并提出宝贵意见。

2. 评分方法:请您按照 5 分度量法(Likert-scale),判断每级指标对应急食品供应链条的重要程度,您可以将选定的指标赋值分数打"√"。(请您根据对各级指标的了解及掌握进行"5-1"评分:"5"表示非常熟悉/重要;"4"表示熟悉/重要;"3"表示中等熟悉/重要;"2"表示不熟悉/重要;"1"表示非常不熟悉)

3. 表 1-1、表 1-2 给出了对应指标的文字解释(指标解释已做修改),如果您认为指标条目或内涵描述<u>不恰当</u>,您可直接在<u>原处对其进行修改</u>,也可将修改意见填写到"修改意见"栏中。

4. 如果您认为有需要<u>增加或删减</u>的条目,请将您的建议或意见写在"<u>建议增删指标</u>"栏内。(注:若您认为某一级指标需要删减或合并至其他同等级指标,还请您耐心看完该一级指标所包含的二/三级指标)

5. 若您在填表过程中有任何不清楚的地方,请您拨打联系人电话＊＊＊＊＊＊＊＊＊＊或发送邮件至＊＊＊＊＊＊＊＊＊＊＠163.com 询问。

表 1-1 一级指标咨询表

一级指标	指标解释	指标重要程度					修改意见
A1 应急食品需求	基于受灾供应目标总人数、人道主义赈灾救助最低标准①、目标群人口学基本特征、风俗习惯与宗教信仰、灾害发生季节、地理位置、灾难救援阶段等因素，预测/评估受灾供应目标群所需应急食品的数量和种类	5	4	3	2	1	
A2 应急食品储备	基于应急食品储备点布局、储备能力相关因素，解决应急食品储备点的调用问题，解决应急食品供应从哪调、调什么、重点关注应急食品储备点的调用问题	5	4	3	2	1	
A3 应急食品筹措	基于多渠道筹措原则，综合考虑应急食品筹措主体、筹措能力等相关内容，解决应急食品供应怎么筹、谁来筹、能力如何的问题	5	4	3	2	1	
A4 应急食品检测	贯穿应急食品供应全过程，保证应急食品供应安全性（质量检测）和充足性（数量核验），解决应急食品检什么、由谁检、何时检的问题	5	4	3	2	1	
A5 应急食品调运	基于预案和最优化原则，包括应急食品运输主体、方式、路径、效能等相关内容，解决应急食品来运、怎么运、运多少的问题	5	4	3	2	1	
A6 应急食品分发	应急食品供应链的最后一步，包括应急食品分发对象、主体、方式等内容，解决应急食品谁来发、发给谁、怎么发的问题	5	4	3	2	1	
A7 制度保障体系	确保应急食品供应链设计有据可依、有据可依的相关制度保障	5	4	3	2	1	
A8 指挥信息系统	基于应急食品指挥决策平台，集成 GIS、人工智能、大数据等技术优势，对应急食品供应全流程相关信息进行采集、分析、处理，指挥调度及可视化展示	5	4	3	2	1	

建议增删指标：

① 据人道主义赈灾救助最低标准，灾民食品需求标准如下：每人每天 2100kcal 能量，每人每天至少 15L 水等。

表 1-2 二级指标咨询表

一级指标	二级指标	指标解释	指标重要程度					修改意见
			5	4	3	2	1	
A1 应急食品需求	B1.1 需求数量	基于供应目标人数和人道主义赈灾救助最低标准,计算供应目标群体所需最低应急食品数量	5	4	3	2	1	
	B1.2 需求种类	基于供应目标群体人口学基本特征、风俗习惯与宗教信仰、灾害发生季节、灾区地理位置、灾难援救阶段等,全面考虑目标群体所需应急食品种类	5	4	3	2	1	
	建议增删指标:							
A2 应急食品储备	B2.2 储备点布局	应急食品储备点调用是灾后应急食品供应较为常见的一种方式,着重关注各储备点地理位置分布、级别等,以便于开展相关调用工作	5	4	3	2	1	
	B2.2 储备能力	为最大限度满足应急食品供应需求,便于应急食品调用,还需掌握储备点应急食品的数量、种类等相关信息	5	4	3	2	1	
	建议增删指标:							
A3 应急食品筹措	B3.1 筹措方式	政府主导下以储备点调用为主,其他方式如紧急购买、直接征用等)为辅的应急食品筹措模式	5	4	3	2	1	
	B3.2 筹措主体	应急食品筹措工作的执行者,包括国家级、省级、地市级等部门	5	4	3	2	1	
	B3.3 筹措能力	影响应急食品筹措效率的因素,如筹措部门的动员能力、资金保障等	5	4	3	2	1	
	建议增删指标:							
A4 应急食品检测	B4.1 检测范围	应急食品供应时需要对其进行相应的检测,主要涉及应急食品数量和质量(安全性)方面	5	4	3	2	1	

续表

一级指标	二级指标	指标解释	指标重要程度					修改意见
			5	4	3	2	1	
A4 应急食品检测	B4.2 检测机构	应急食品供应过程中进行检测工作的部门,如民政部、食品药品监督管理局,第三方等	5	4	3	2	1	
	B4.3 检测时点	应急食品检测工作的时间,由指挥官发布,设置在应急食品运输前、分发前这两个时点	5	4	3	2	1	
建议增删指标:								
A5 应急食品调运	B5.1 运输主体	负责应急食品运输工作的部门,包括交通部、非政府组织(NGO)、商业机构等	5	4	3	2	1	
	B5.2 运输方式	基于最优化运输原则,采用陆(如火车、货车等)、海(如货轮等)、空(如民航、无人机等)多式联动方式运送	5	4	3	2	1	
	B5.3 运输路径	基于最优化运输原则选择的最佳运输路线	5	4	3	2	1	
	B5.4 运输效能	对应急食品运输过程中运力的了解与掌握,包括运输人员综合素质、运输工具核载和运速等方面	5	4	3	2	1	
建议增删指标:								
A6 应急食品分发	B6.1 目标群体	应急食品供应的对象,包括灾区群众(健康人数、伤亡人数)、救援人员等	5	4	3	2	1	
	B6.2 分发主体	负责应急食品分发的相关工作人员,包括政府救援工作人员、志愿者(外部支援、灾民自组织)	5	4	3	2	1	
	B6.3 分发方式	基于公平、灵活性原则,可采取的将应急食品分发给受助者的方式,包括直接分发、逐级分发等	5	4	3	2	1	
建议增删指标:								

续表

一级指标	二级指标	指标解释	指标重要程度					修改意见
			5	4	3	2	1	
A7 制度保障体系	B7.1 应急食品供应应急预案	依据现有突发事件应急预案,明确规定灾后"重特大自然灾害应急食品供应应急预案"制定程序、部门分工、响应级别相关内容,对于整个灾后应急食品供应流程起到主导作用。在本项目中此指标主要考虑有/无的问题	5	4	3	2	1	
	B7.2 应急食品供应保障机制	使灾后应急食品供应量充裕、供应对象明确、供应流程简捷,确保应急食品的供应高效性。在本项目中此指标主要考虑有/无的问题	5	4	3	2	1	
	B7.3 应急食品供应保障体制	明确灾后应急食品供应过程是在政府统一领导下由多部门分工合作,并根据灾害等级进行不同级别的应急供应,确保应急食品的供应科学性。在本项目中此指标主要考虑有/无的问题	5	4	3	2	1	
	B7.4 应急食品供应保障法制	与应急食品供应相关的规范、条例、标准等,合规合法地进行灾后应急食品供应等的相应设置,确保食品供应流程的实施能够依法而行。在本项目中此指标主要考虑有/无的问题	5	4	3	2	1	
建议增删指标:								
A8 指挥信息系统	B8.1 信息采集与处理	对应急食品供应过程中的灾区基础信息(灾情、灾民、地理位置等)、供应链环节属性信息(以应急食品调运为例,包括车辆行进方向、行进速度等)、资源点信息(应急食品储备点、灾民避难点等)等进行采集与处理	5	4	3	2	1	
	B8.2 动态信息实时监测与跟踪	某些影响应急食品供应的因素是动态变化的,需要对其进行实时的监测与跟踪,包括灾民需求信息、储备更新信息、各环节供应进度信息、灾区反馈信息等	5	4	3	2	1	
	B8.3 全链条可视化展示	借助专题图、动态危机等工具将应急食品供应过程中所涉及的空间信息、核心算法、供应动态等成果进行可视化展示	5	4	3	2	1	

续表

一级指标	二级指标	指标解释	指标重要程度					修改意见
			5	4	3	2	1	
A8 指挥信息系统	B8.4 辅助指挥决策	应急食品供应过程中，需要指挥官结合动态信息及时调整相应指挥策略等						

建议增删指标：

表1-3 三级指标咨询表

一级指标	二级指标	三级指标	指标重要程度					修改意见
			5	4	3	2	1	
A1 应急食品需求	B1.1 需求数量	C1.1.1 供应目标群体总数	5	4	3	2	1	
		C1.1.2 目标群伤亡人数	5	4	3	2	1	
		C1.1.3 赈灾救助标准	5	4	3	2	1	
	建议增删指标：							
	B1.2 需求种类	C1.2.1 风俗习惯与宗教信仰	5	4	3	2	1	
		C1.2.2 灾害发生季节	5	4	3	2	1	
		C1.2.3 灾区地理位置	5	4	3	2	1	
		C1.2.4 目标群年龄阶段构成	5	4	3	2	1	
		C1.2.5 灾害救援阶段	5	4	3	2	1	
		C1.2.6 灾民性别构成	5	4	3	2	1	
	建议增删指标：							
A2 应急食品储备	B2.1 储备布局	C2.1.1 地理位置分布	5	4	3	2	1	
		C2.1.2 储备点级别	5	4	3	2	1	
		C2.1.3 储备点总数	5	4	3	2	1	
	建议增删指标：							

续表

一级指标	二级指标	三级指标	指标重要程度					修改意见
			5	4	3	2	1	
A2 应急食品储备	B2.2 储备能力	C2.2.1 储备点储备种类	5	4	3	2	1	
		C2.2.2 储备点储备数量	5	4	3	2	1	
		建议增删指标:						
A3 应急食品筹措	B3.1 筹措方式	C3.1.1 储备点调用	5	4	3	2	1	
		C3.1.2 紧急购买	5	4	3	2	1	
		C3.1.3 直接征用	5	4	3	2	1	
		建议增删指标:						
	B3.2 筹措主体	C3.2.1 国家级	5	4	3	2	1	
		C3.2.2 省级	5	4	3	2	1	
		C3.2.3 地市级	5	4	3	2	1	
		建议增删指标:						
	B3.3 筹措能力	C3.3.1 动员能力	5	4	3	2	1	
		C3.3.2 资金保障	5	4	3	2	1	
		建议增删指标:						
A4 应急食品检测	B4.1 检测范围	C4.1.1 数量和种类	5	4	3	2	1	
		C4.1.2 质量(安全性)	5	4	3	2	1	
		建议增删指标:						
	B4.2 检测机构	C4.2.1 民政部	5	4	3	2	1	
		C4.2.2 国家药品监督管理局	5	4	3	2	1	
		C4.2.3 第三方检测机构	5	4	3	2	1	

续表

一级指标	二级指标	三级指标	指标重要程度				修改意见
A4 应急食品检测	B4.2 检测机构	建议增删指标:					
	B4.3 检测时点	C4.3.1 运输前	5	4	3	2	1
		C4.3.2 分发前	5	4	3	2	1
		建议增删指标:					
A5 应急食品调运	B5.1 运输主体	C5.1.1 交通部	5	4	3	2	1
		C5.1.2 非政府组织（NGO）	5	4	3	2	1
		C5.1.3 商业机构	5	4	3	2	1
		建议增删指标:					
	B5.2 运输方式	C5.2.1 陆上路运输	5	4	3	2	1
		C5.2.2 海上运输	5	4	3	2	1
		C5.2.3 空中运输	5	4	3	2	1
		建议增删指标:					
	B5.3 运输路径	C5.3.1 路程最短路径	5	4	3	2	1
		C5.3.2 时间最短路径	5	4	3	2	1
		C5.3.3 安全性最高路径	5	4	3	2	1
		建议增删指标:					
	B5.4 运输效能	C5.4.1 运输人员	5	4	3	2	1
		C5.4.2 运输工具	5	4	3	2	1
		建议增删指标:					

续表

一级指标	二级指标	三级指标	指标重要程度					修改意见
A6 应急食品分发	B6.1 目标群体	C6.1.1 灾区民众	5	4	3	2	1	
		C6.1.2 救援人员	5	4	3	2	1	
		建议增删指标：						
	B6.2 分发主体	C6.2.1 政府救援工作人员	5	4	3	2	1	
		C6.2.2 志愿者	5	4	3	2	1	
		建议增删指标：						
	B6.3 分发方式	C6.3.1 直接分发	5	4	3	2	1	
		C6.3.2 逐级分发	5	4	3	2	1	
		建议增删指标：						
A7 制度保障体系	B7.1 机制保障	C7.1.1 基础设施保障机制	5	4	3	2	1	
		C7.1.2 法律法规保障机制	5	4	3	2	1	
		C7.1.3 全民动员机制	5	4	3	2	1	
		C7.1.4 人才培养机制	5	4	3	2	1	
		C7.1.5 紧急交通机制	5	4	3	2	1	
		C7.1.6 政府协调机制	5	4	3	2	1	
		建议增删指标：						
	B7.2 体制保障	C7.2.1 政府统一领导	5	4	3	2	1	
		C7.2.2 部门分工负责	5	4	3	2	1	
		C7.2.3 灾害分级管理						
		C7.2.4 资金分级担负	5	4	3	2	1	

续表

一级指标	二级指标	三级指标	指标重要程度					修改意见
A7 制度保障体系	B7.2 体制保障	建议增删指标：						
	B7.3 法制保障	C7.3.1 自然灾害救助条例	5	4	3	2	1	
		C7.3.2 专项灾害保障条例	5	4	3	2	1	
		建议增删指标：						
	B8.1 信息采集与处理	C8.1.1 灾情基础信息	5	4	3	2	1	
		C8.1.2 资源点分布信息	5	4	3	2	1	
		C8.1.3 环节属性信息	5	4	3	2	1	
		建议增删指标：						
A8 信息指挥系统	B8.2 动态信息实时监测与跟踪	C8.2.1 灾民需求信息	5	4	3	2	1	
		C8.2.2 储备更新信息	5	4	3	2	1	
		C8.2.3 筹措信息	5	4	3	2	1	
		C8.2.4 检测信息	5	4	3	2	1	
		C8.2.5 调运信息	5	4	3	2	1	
		C8.2.6 分发信息	5	4	3	2	1	
		C8.2.7 灾民反馈信息	5	4	3	2	1	
		建议增删指标：						
	B8.3 全链条可视化展示	C8.3.1 空间信息可视化	5	4	3	2	1	
		C8.3.2 模型计算可视化	5	4	3	2	1	
		C8.3.3 供应动态可视化	5	4	3	2	1	
		建议增删指标：						
	B8.4 辅助指挥决策	C8.4.1 供应策略	5	4	3	2	1	
		C8.4.2 供应方案	5	4	3	2	1	
		建议增删指标：						

附录 169

第二部分　重特大自然灾害应急食品供应指标体系第一轮专家咨询意见

说明：

本部分主要就第一轮咨询中专家组对各级指标的相关意见进行整合，并对专家组对各级指标重要性评分的算术平均数、满分比及变异系数进行统计分析，并基于指标增删标准对指标体系进行修正。

下表主要内容包括：①专家组成员对各级指标所提出的意见总结；
②项目组增删、合并、修改指标体系总结（详见表 2-1～表 2-3）。

其中：指标重要性评分算术平均数、满分比反映专家意见的集中程度；变异系数反映专家评分的协调度。

算术平均数：$M_j = \dfrac{1}{m_j} \sum\limits_{i=1}^{\infty} C_{ij}$　M_j 的取值越大，对应的 j 指标的重要性越高。

满分比：$K_j = \dfrac{m_i}{m_j}$ 给满分的专家数 K_j 越大，说明对该指标给满分的专家比例越高，该指标也越重要。

变异系数：$CV = (s/\bar{x}) \times 100\%$ 即标准差与平均得分的比值，CV 越小，表示协调程度越高。

指标增删标准：选取指标重要性评分算术平均数、变异系数及满分率 3 个指标，以界值法筛选条目，对同时满足变异系数＜0.25、均数＞3.5、满分率＞50% 的指标予以纳入；对变异系数＞0.20、满分频率＜50% 的指标及争议指标的专家修改意见由项目组讨论斟酌后，对指标予以删除或采纳。

表 2-1 一级指标咨询表——第一轮专家咨询意见总结

一级指标	指标解释	均值	标准差	变异系数	满分比/%	备注
A1 应急食品需求	综合考虑影响应急食品供应链的灾害、人为、社会因素,以确定应急食品需求,最大限度评估灾区应急食品供应预案	4.64	0.76	0.16	75.7	修改
A2 应急食品储备	与应急食品储备相关的基础性信息,本研究重点考虑储备点基本信息、储备方式	4.56	0.88	0.19	73	修改
A3 应急食品筹措	应急食品供应的基础,包括筹措主体、筹措标准、筹措方式、筹措数量、筹措比例等多个环节	4.54	0.73	0.16	64.9	修改
A4 应急食品检测	应急食品筹措后,分发前的质量和数量检测,以确保灾区群众以及救援人员的食用安全性、充足性	4.53	0.75	0.17	59.5	修改
A5 应急食品运输	基于应急预案和最优化原则,协调有关部门,将应急食品迅速高效地从各筹措点运送至灾区的过程	4.59	0.60	0.13	64.9	修改
A6 应急食品分发	灾区群众、救援人员等获取应急食品的最后一步,包含分发原则、分发制度、分发方式、分发主客体等相关问题	4.54	0.77	0.17	67.6	修改
A7 应急保障体系	"一案三制"即应急预案、机制、体制和法制,可实现应急食品供应系统运行合理化、有序化和制度化	4.75	0.55	0.12	78.4	修改
A8 信息指挥系统	基于 GIS 系统、人工智能、大数据等应用,构建信息指挥平台,实现整个应急食品供应链过程的信息化、智能化	4.62	0.70	0.15	64.9	修改

修改意见:①部分专家提出,一级指标解释较为含糊,未能准确体现研究目的,经项目组讨论后决定采纳专家意见,对 8 个一级指标解释进行修正。②有专家建议将"应急食品运输"修改为"应急食品调运"、"应急保障体系"修改为"制度保障体系"、"信息指挥系统"修改为"指挥信息系统",经项目组讨论斟酌后予以采纳。

附录　171

表 2-2 二级指标咨询表——第一轮专家意见总结

一级指标	二级指标	指标解释	均值	标准差	变异系数	满分比/%	备注
A1 应急食品需求	B1.1 灾害因素	灾害类型、灾害地理位置、灾害等级、灾害发生季节及灾害救援阶段等	4.78	0.68	0.14	88.9	合并
	B1.2 人为因素	灾民人数、救援人数、受灾人群特征等	4.72	0.51	0.11	75.0	合并
	B1.3 社会因素	风俗习惯、宗教信仰等	4.23	0.77	0.18	42.9	合并
	修改意见：根据专家意见，进行应急食品需求评估时要明确需求的具体内容，故将"灾害因素""人为因素""社会因素"指标合并修改为"需求数量""需求种类"						
A2 应急食品储备	B2.1 储备点	储备点地理位置分布、储备食品种类和数量及各储备点储备量大小	4.56	0.73	0.16	66.7	修改
	B2.2 储备方式	应急食品的储备形式，包括实物储备、合同储备、生产能力储备	4.50	0.88	0.20	69.4	删除
	修改意见：①多位专家认为"储备点"范围较广，涵盖多方面内容，经项目组讨论后将该指标具体化，修改为"储备点布局"与"储备能力"。②"储备方式"指标变异系数为0.2，说明专家对该指标存在较大分歧，经项目组讨论后认为食品储备方式与应急食品储备点调用相关性较小，故将该指标删除						
A3 应急食品筹措	B3.1 筹措方式	包括储备点调用、紧急购买、社会捐赠、直接征用、组织突击研制和生产等方式	4.46	0.85	0.19	61.1	修改
	B3.2 筹措标准	筹措应急食品物资时应当遵循的基本标准，如用时少、质量好、成本低	4.40	0.77	0.18	55.6	删除
	B3.3 筹措种类	进行应急食品筹措工作时，需要可供筹措的应急食品的种类、如水、方便食品等	4.42	0.84	0.19	61.1	删除
	B3.4 筹措比例	所需筹措应急食品种类占总应急食品种类的比例大小	4.03	0.98	0.24	41.7	删除

续表

一级指标	二级指标	指标解释	均值	标准差	变异系数	满分比/%	备注
A3 应急食品筹措	B3.5 筹措数量	满足灾区人民基本生活需要的应急食品的总数量	4.74	0.51	0.11	75.0	删除
	修改意见：①根据专家实施意见的，故"应急食品筹措"一级指标筛选原则，应予以删除。综上，将"筹措标准""筹措数量""筹措种类""筹措比例"指标删除。②有1位专家提到应当明确检测机构业务层面问题，且该指标筛选原则与筹措评估方案实施需求筛选原则，筹措时应遵守的准则，不应再纳入指标体系；无论是筹措的数量或种类，都是按照应急食品需求评估方案确定。另筹措比例变异系数为0.24，满分比41.7%，按照应急食品筛选原则，应予以删除。②有2位专家提出，进行专家提出应急食品筹措意见，"筹措主体"的相关能力是有要求的，经过项目组讨论，认为筹措组织能力大小影响应急食品筹措能力，故筹措能力"增加"筹措主体""筹措能力"指标					
A4 应急食品检测	B4.1 检测指标	基本指标：数量核查、质量与安全性检测	4.56	0.81	0.18	72.2	修改
	B4.2 检测方法	抽样检验、破坏性检验、非破坏性检验等	4.06	0.95	0.24	41.7	删除
	B4.3 检测主体	民政部、国家药品监督管理局、第三方检测机构等	4.12	0.88	0.21	36.1	修改
	修改意见：①结合专家意见，项目组认为检测方法属于检测机构业务层面问题，且该指标筛选原则，建议对指标进行修改，另"检测主体"变异系数为0.21，但考虑到有2位专家提到应当明确检测机构问题，故经过项目组反复讨论耦合后，对该指标进行修改保留。②经项目组讨论后认为，可提高检测效率，因此增加"检测时点"指标					
A5 应急食品运输	B5.1 运输原则	时间最短原则，满足需要原则，风险最小原则	4.53	0.91	0.20	72.2	删除
	B5.2 运输方式	在满足运输要求的前提下，可供选择的不同运输方式，如单运输方式、多式联动等	4.31	0.87	0.20	52.8	修改
	B5.3 运输主体	运送应急食品物资到应急食品物资安全运送至灾区的部门或企业	4.25	0.87	0.21	50.0	修改
	B5.4 运输顺序	不同种类的应急食品物资运送至灾区的顺序	4.09	1.04	0.25	47.2	删除
	修改意见：①根据专家意见，"运输原则""作为应急食品筹措时应遵守的准则，不应再纳入指标体系；"运输顺序"指标变异系数为0.25，满分比47.2%，按照指标筛选原则，予以删除。②有2位专家建议，进行应急食品运输时需对运输工具的运力有一定的了解与掌握，另为更有利于应急食品运输的指挥调度，经项目组决定增加"运输路径""运输效能"指标					

续表

一级指标	二级指标	指标解释	均值	标准差	变异系数	满分比/%	备注
A6 应急食品分发	B6.1 分发制度	分发"实名制""责任制",紧急情况特事特办制	4.31	0.93	0.22	50	删除
	B6.2 分发原则	按时分发、按量分发、供粮卡	4.43	0.95	0.21	61.1	删除
	B6.3 分发方式	直接分发、逐级分发	4.32	0.81	0.19	47.2	修改
	B6.4 分发管理	受灾人民花名册统计、负责小组设置、发放点设置、信息公示等管理工作	4.44	0.96	0.22	61.1	删除
修改意见:①根据研究专家意见,应急食品分发环节的细节工作不再属于应急食品供应体系范畴,且"分发制度""分发原则""分发管理"指标的变异系数较高,经项目组讨论后决定予以删除。②有专家建议,应急食品的分发需明确分发效率、提高应急食品分发目标,故项目组讨论,剔除变异系数较高,经项目组讨论后决定增加"分发目标群体""分发主体"指标。							
A7 应急保障体系	B7.1 应急预案	为精准、高效地将应急食品运送至灾区而预先做出的科学有效的计划和安排	4.75	0.55	0.12	80.6	修改
	B7.2 机制保障	应急食品供应链体系相关组织或部门之间相互协作的过程和方式,多以政策文件的形式呈现	4.61	0.64	0.14	69.4	修改
	B7.3 体制保障	对供应链过程中涉及的机构和部门进行权限的划分,以保障各部门各司其职	4.67	0.63	0.14	75	修改
	B7.4 法制保障	整个食品供应链的运行具有相应的法律出处,是整个应急过程的依据和保障	4.69	0.58	0.12	72.2	修改
修改意见:结合专家意见,现有指标设置涵盖范围较大,体现不出与应急食品供应体系间的联系,建议对指标及相应解释进行修改,讨论将指标修改为"应急食品供应预案""应急食品供应保障机制""应急食品供应保障体制""应急食品供应保障法制",经项目组讨论							
A8 信息指挥系统	B8.1 信息采集与管理	获取应急食品信息的过程	4.64	0.68	0.15	72.2	修改
	B8.2 信息决策与指挥	对采集到的信息进行分析、传输并应用于信息指挥平台,帮助指挥官进行相应的决策与指挥	4.67	0.68	0.14	75	修改

续表

一级指标	二级指标	指标解释	均值	标准差	变异系数	满分比/%	备注
A8 信息指挥系统	B8.3 信息人员管理	信息技术人员基本岗位胜任力情况	4.08	1.08	0.26	47.2	删除

修改意见：①结合专家组意见，并经项目讨论后将"信息决策与指挥""信息采集与处理""信息管理"指标修改为"信息实时监测与跟踪""全链条可视化展示""辅助指挥决策"。②有2位专家建议删除，且该指标变异系数为0.26，满分比47.2%，按照指标筛选原则，予以删除

表2-3 三级指标咨询表——第一轮专家意见总结

一级指标	二级指标	三级指标	均值	标准差	变异系数	满分比/%	备注
A1 应急食品需求	B1.1 灾害因素	C1.1.1 灾害类型	4.72	0.57	0.12	77.8	
		C1.1.2 灾害地理位置	4.58	0.69	0.15	69.4	
		C1.1.3 灾害级别	4.83	0.38	0.08	83.3	
		C1.1.4 灾害发生季节	4.39	0.64	0.15	47.2	
		C1.1.5 灾害救援阶段	4.40	0.81	0.18	55.6	
	修改意见：有3位专家提出需对应急食品需求进行评估时需考虑灾害持续时间的影响，经项目组讨论后决定于需求数量二级指标下增加"灾害预计持续时间"						
	B1.2 人为因素	C1.2.1 灾民总数	4.97	0.17	0.03	94.4	合并
		C1.2.2 救灾人员数量	4.69	0.68	0.14	77.8	合并
		C1.2.3 性别构成	3.66	0.80	0.22	16.7	
		C1.2.4 年龄构成	4.14	0.85	0.20	38.9	
	修改意见：结合专家意见，将"灾民总数""救灾人员数量"合并为"供应目标人数"						
	B1.3 社会因素	C1.3.1 风俗习惯	4.25	0.87	0.21	50.0	合并
		C1.3.2 宗教信仰	4.39	0.69	0.16	50.0	合并
	修改意见：有专家提出，灾害发生后依据灾情严重程度及波及面大小、公安和军队在任在会第一时间介入，因此"社会动荡"对灾后应急食品供应较小，经项目组讨论后予以删除						

续表

一级指标	二级指标	三级指标	均值	标准差	变异系数	满分比/%	备注
A2 应急食品储备	B2.1 储备点	C2.1.1 位置分布	4.64	0.54	0.12	66.7	
		C2.1.2 储备点个数	4.36	0.76	0.17	52.8	删除
		C2.1.3 储备点级别	4.08	0.81	0.20	33.3	删除
		修改意见:					
	B2.2 储备方式	C2.2.1 实物储备	4.61	0.80	0.17	75.0	
		C2.2.2 合同储备	4.31	0.82	0.19	50.0	
		C2.2.3 生产能力储备	4.39	0.80	0.18	55.6	删除
		修改意见:经项目组讨论删除"储备方式"二级指标,故其对应三级指标也应删除					
A3 应急食品筹措	B3.1 筹措方式	C3.1.1 储备点调用	4.69	0.52	0.11	72.2	
		C3.1.2 紧急购买	4.50	0.77	0.17	63.9	
		C3.1.3 社会捐赠	4.03	0.91	0.23	36.1	删除
		C3.1.4 直接征用	4.11	0.99	0.24	47.2	
		C3.1.5 应急生产	4.47	0.81	0.18	63.9	删除
		修改意见:本研究重点关注由政府主导的应急食品筹措,故"社会捐赠""应急生产"这两类筹措方式应予以删除					
A4 应急食品检测	B4.1 检测指标	C4.1.1 安全性检测	4.78	0.64	0.13	86.1	
		C4.1.2 数量核查	4.47	0.65	0.15	55.6	
		修改意见:					
A5 应急食品运输	B5.1 运输原则	C5.1.1 运输时间最短	4.74	0.44	0.09	72.2	删除
		C5.1.2 运输满足需求	4.51	0.56	0.12	52.8	删除
		修改意见:经项目组讨论删除"运输原则"二级指标,故其对应三级指标也应删除					

续表

一级指标	二级指标	三级指标	均值	标准差	变异系数	满分比/%	备注
A5 应急食品运输	B5.2 运输方式	C5.2.1 协议第三方物流	4.22	0.83	0.20	44.4	修改
		C5.2.2 交通运输部门协调	4.64	0.59	0.13	69.4	修改
		修改意见：结合专家意见，应急食品运输主要是基于最优化运输原则，采用陆（如火车、货车等）、海（如货轮等）、空（如民航、无人机等）的多式联动方式，将应急食品运送至灾区。故将其对应三级指标进行修改					
A7 应急保障体系	B7.1 应急预案	C7.1.1 指挥体系及职责	4.86	0.35	0.07	86.1	删除
		C7.1.2 应急准备	4.58	0.60	0.13	63.9	删除
		C7.1.3 启动条件	4.50	0.70	0.15	61.1	删除
		C7.1.4 应急响应	4.69	0.62	0.13	77.8	删除
		C7.1.5 后期处置	4.53	0.70	0.15	63.9	删除
		修改意见：项目组结合专家意见讨论后认为，本研究重点关注目前我国现有应急食品供应相关的"一案三制"是否存在，是否健全以及其可提供的相应支持问题，关于其具体包含哪些方面不在本研究重点关注范围之内，故将以上指标删除					
	B7.2 机制保障	C7.2.1 基础设施保障机制	4.56	0.65	0.14	63.9	删除
		C7.2.2 法律法规保障机制	4.58	0.69	0.15	69.4	删除
		C7.2.3 全民动员机制	4.42	0.77	0.17	58.3	删除
		C7.2.4 人才培养机制	3.94	0.86	0.22	30.6	删除
		C7.2.5 紧急通道机制	4.64	0.54	0.12	66.7	删除
		C7.2.6 政府协调机制	4.69	0.62	0.13	77.8	删除
		修改意见：如B7.1					
	B7.3 体制保障	C7.3.1 政府统一领导	4.78	0.48	0.10	80.6	删除
		C7.3.2 部门分工负责	4.67	0.63	0.14	75.0	删除

续表

一级指标	二级指标	三级指标	均值	标准差	变异系数	满分比/%	备注
A7 应急保障体系	B7.3 体制保障	C7.3.3 灾害分级管理	4.58	0.65	0.14	66.7	删除
		C7.3.4 资金分级担负	4.39	0.69	0.16	50.0	删除
		修改意见：如B7.1					
	B7.4 法制保障	C7.4.1 自然灾害救助条例	4.64	0.68	0.15	75.0	删除
		C7.4.2 专项灾害保障条例	4.67	0.76	0.16	80.6	删除
		修改意见：如B7.1					
A8 信息指挥系统	B8.1 信息采集与管理	C8.1.1 应急准备信息	4.58	0.69	0.15	69.4	修改
		C8.1.2 应急响应信息	4.69	0.62	0.13	77.8	修改
		C8.1.3 应急支援信息	4.56	0.69	0.15	66.7	修改
		修改意见：结合专家意见，应急食品供应过程中的信息采集与管理主要是对灾区基础信息（灾情、灾民、地理位置）、供应链环节属性信息（以应急食品调运为例，包括车辆行进方向、行进速度）、资源节点信息（应急食品储备点、灾民避难点进行采集与处理。因此由项目组讨论后对三级指标进行修改					
	B8.2 信息决策与指挥	C8.2.1 决策指挥平台构建	4.78	0.54	0.11	83.3	修改
		C8.2.2 信息分析	4.69	0.62	0.13	77.8	修改
		C8.2.3 信息传输	4.53	0.74	0.16	66.7	修改
		修改意见：结合专家意见"信息决策与指挥""信息采集与处理""信息人员管理"二级指标合并修改为"信息采集与处理""辅助指挥决策",故由项目组讨论后对三级指标进行修改 跟踪""全链条可视化展示""辅助指挥决策",故由项目组讨论后对三级指标也应删除					
	B8.3 信息人员管理	C8.3.1 专职人员	4.42	1.00	0.23	66.7	删除
		C8.3.2 兼职人员	3.75	1.00	0.27	25	删除
		修改意见：经项目组讨论删除"信息人员管理"二级指标，故其对应三级指标也应删除